权威·前沿·原创

皮书系列为
"十二五""十三五""十四五"时期国家重点出版物出版专项规划项目

BLUE BOOK

智库成果出版与传播平台

就业蓝皮书
BLUE BOOK OF EMPLOYMENT

2022年中国高职生就业报告

CHINESE 3-YEAR VOCATIONAL COLLEGE GRADUATES' EMPLOYMENT ANNUAL REPORT (2022)

麦可思研究院 / 主　编

社会科学文献出版社
SOCIAL SCIENCES ACADEMIC PRESS (CHINA)

图书在版编目(CIP)数据

2022年中国高职生就业报告/麦可思研究院主编
.--北京：社会科学文献出版社，2022.6
（就业蓝皮书）
ISBN 978-7-5228-0114-8

Ⅰ.①2… Ⅱ.①麦… Ⅲ.①高等职业教育-毕业生
-就业-研究报告-中国-2022 Ⅳ.①G717.38

中国版本图书馆CIP数据核字（2022）第076590号

就业蓝皮书
2022年中国高职生就业报告

主　　编/麦可思研究院
执行主编/王伯庆　王　丽

出 版 人/王利民
责任编辑/桂　芳
责任印制/王京美

出　　版/社会科学文献出版社·皮书出版分社（010）59367127
　　　　　地址：北京市北三环中路甲29号院华龙大厦　邮编：100029
　　　　　网址：www.ssap.com.cn

发　　行/社会科学文献出版社（010）59367028
印　　装/三河市东方印刷有限公司

规　　格/开　本：787mm×1092mm　1/16
　　　　　印　张：13.25　字　数：196千字
版　　次/2022年6月第1版　2022年6月第1次印刷
书　　号/ISBN 978-7-5228-0114-8
定　　价/128.00元

读者服务电话：4008918866

版权所有　翻印必究

就业蓝皮书编委会

研究团队　麦可思研究院
　　　　　南方科技大学高等教育研究中心
主　　编　麦可思研究院
执行主编　王伯庆　王　丽
撰 稿 人　王梦萍　马　妍　曹　晨　王昕伦　熊晓娇

学术顾问（按姓名拼音字母排序）

陈　宇　国家教育咨询委员会委员

储朝晖　中国教育科学研究院研究员

董　刚　全国职业高等院校校长联席会主席

胡瑞文　国家教育咨询委员会委员

姜大源　教育部职业技术教育中心研究所研究员

李志宏　中国职业技术教育学会职教质量保障与评估研究会主任

马树超　中国职业技术教育学会副会长

任君庆　全国职业高等院校校长联席会秘书长

汤　敏　国务院参事室参事

王辉耀　国务院参事室参事 / 中国与全球化研究中心主任

叶之红　中国高等教育学会原副秘书长

查建中　教育部新工科建设工作组成员

摘　要

《2022年中国高职生就业报告》包含1篇总报告、9篇分报告、2篇专题报告，对高职生毕业去向、就业结构、就业质量、职业发展、升本情况、灵活就业、能力达成、对学校的满意度等状况进行深入分析。分析基于应届毕业生和毕业中期跟踪评价。

本报告分析了2021届高职生的毕业去向与就业结构。分析显示，就业总量压力持续高位运行、局部地区疫情反弹等因素给应届高职毕业生去向落实增加了难度，专升本扩招在一定程度上缓解了当前部分就业压力，但滞后就业压力需要关注。2021年，房屋建筑、房地产相关领域在政策调控等因素影响下吸纳毕业生的数量有所下降；服务行业依然需要关注疫情的阶段性影响；制造业保持稳步发展，基础设施建设、医疗护理、幼儿教育等民生领域对毕业生的吸纳数量稳中有升，同时依托互联网平台的新就业形态也为毕业生提供了更多选择。另外，分析还显示，农村家庭毕业生求职就业可能存在一定困难，帮扶力度需要进一步加大。

本报告同时分析了高职毕业生的就业质量与职业发展情况。分析显示，应届高职毕业生的薪资已超过疫情前的水平，其中机械、化工、采矿等支柱产业薪资增长较快；铁道运输类专业薪资优势明显；工作5年的薪资是毕业时的2.2倍；疫情以来高职毕业生就业满意度上升明显，各方提供的就业帮扶效果显著；随着职位层级的提升以及个人职业发展规划的调整，毕业3年后工作更加多元化；另外，毕业生的职场忠诚度趋于稳定，毕业半年内的离职率持稳。

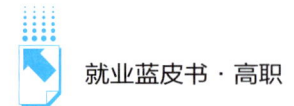

此外，本报告还分析了高职毕业生的能力达成情况以及对学校的满意度评价。分析显示，高职毕业生理解交流能力达成效果较好，产业转型升级中需要具备的数字化技能仍需强化；毕业生对母校教学、学生工作及生活服务等方面的满意度稳步提升，在校体验不断优化。同时，分析还显示，疫情以来高职院校线上、线下混合式教学面临新的挑战，学生的学习投入与收获相比疫情前均有不足；实践类课程需强化线上、线下教学的衔接，理论课需及时纳入产业前沿领域的新技术、新工艺、新规范，并关注学生自主学习的效果；另外，教师需要进一步强化互动环节，并注重自身信息化教学能力的提升。

关键词： 高职生　就业　职业发展　就业满意度

Abstract

The 2022 China Senior Vocational Students Employment Report consists of one general report, nine sub-reports, and two special reports. It provides an in-depth analysis of the status of senior vocational students' graduation destination, employment structure, employment quality, career development, further education, flexible employment, ability attainment, and satisfaction with school. The analysis is based on recent graduates and mid-term follow-up evaluation of graduation.

This report analyzes the graduation destination and employment structure of the 2021 senior vocational students. The analysis shows that the total employment pressure continues to run high, local epidemic rebound and other factors add difficulties to the implementation of the destination of fresh senior graduates, and the expansion of college education has eased some of the current employment pressure to a certain extent, but the lagging employment pressure needs attention. In 2021, the number of graduates absorbed by housing construction and real estate-related fields had decreased under the influence of policy regulation and other factors. The service industry still needs to pay attention to the phased impact of the epidemic. The manufacturing industry has maintained steady development, and the number of graduates absorbed by livelihood fields such as infrastructure construction, medical care, and early childhood education has steadily increased, while new employment forms relying on the Internet platform have provided more choices for graduates. In addition, the analysis also shows that there may be certain difficulties for graduates of rural origin to find jobs, and the support needs to be further strengthened.

This report also analyzes the employment quality and career development of senior graduates. The analysis shows that the salary of fresh senior graduates has exceeded the level before the epidemic, among which the salary of pillar industries such as machinery, chemical industry, and mining is growing faster. The salary advantages of railway transportation majors are obvious. Salary in five years of work is 2.2 times higher than that at graduation. The employment satisfaction of senior graduates has increased significantly since the epidemic, and the employment assistance provided by various parties has been effective. With the upgrading of position level and the adjustment of the personal career development plan, graduates' jobs are more diversified after three years. In addition, the workplace loyalty of graduates tends to be stable, holding steady within six months of graduation.

In addition, this report also analyzes the competency attainment of senior graduates and their satisfaction evaluation of the school. The analysis shows that senior vocational graduates have better understanding and communication skills. The digital skills that are urgently needed in industrial transformation and upgrading still need to be strengthened. Graduates' satisfaction with their alma mater's teaching, student work, and living services has steadily improved, and their school experience has been optimized. Meanwhile, the analysis also shows that since the epidemic, higher education institutions have faced new challenges in online and offline hybrid teaching, and students' learning engagement and gain are both insufficient compared with those before the epidemic. Practical courses need to strengthen the connection between online and offline teaching. Theory courses need to incorporate new technologies, techniques, and norms in the frontier areas of industry in a timely manner and pay attention to the effect of students' independent learning. In addition, teachers need to strengthen the interactive link further and pay attention to the improvement of their own information technology teaching ability.

Keywords: Higher Vocational Students; Employment; Career Development; Satisfaction Evaluation.

目 录

Ⅰ 总报告

B.1 高职毕业生就业发展趋势与成效 ………………………… 001

Ⅱ 分报告

B.2 高职生毕业去向分析 ………………………………………… 008
B.3 高职毕业生就业结构分析 …………………………………… 024
B.4 高职毕业生收入分析 ………………………………………… 045
B.5 高职毕业生就业满意度分析 ………………………………… 073
B.6 高职毕业生职业发展分析 …………………………………… 088
B.7 高职毕业生专升本分析 ……………………………………… 110
B.8 高职毕业生灵活就业分析 …………………………………… 116
B.9 高职毕业生能力分析 ………………………………………… 122

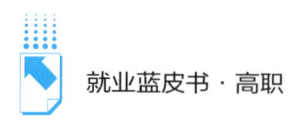

B.10 高职毕业生对学校的满意度分析 …………………………… 146

Ⅲ 专题报告

B.11 疫情防控常态化背景下高职生就业供需结构变化 ……… 161
B.12 新冠肺炎疫情对高职教育教学的影响 …………………… 173

Ⅳ 附录

B.13 技术报告 ………………………………………………… 183

致　谢 ………………………………………………………… 191

CONTENTS

Ⅰ General Report

B.1 The Employment Trends and Effectiveness of Senior Vocational Graduates / 001

Ⅱ Sub Reports

B.2 The Analysis of Senior Vocational Students' Graduation Destinations / 008

B.3 The Analysis of the Employment Structure of Senior Vocational Students / 024

B.4 The Analysis of Senior Vocational Students' Income / 045

B.5 The Analysis of Senior Vocational Students' Employment Satisfaction / 073

B.6 The Analysis of Senior Vocational Students' Career Development / 088

B.7 The Analysis of Senior Vocational Students' Continuing Education / 110

B.8 The Analysis of Flexible Employment For Senior Vocational Students / 116

B.9 The Analysis of Senior Vocational Students' Ability Achievement / 122

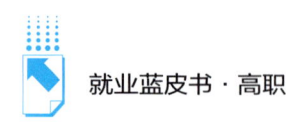

B.10　The Analysis of Senior Vocational Students' Satisfaction with School
　　　　　　　　　　　　　　　　　　　　　　　　　　　　　　/ 146

Ⅲ　Special Reports

B.11　Changes in the Structure of Employment Supply and Demand for Senior Vocational Students under the Normalization of the Epidemic
　　　　　　　　　　　　　　　　　　　　　　　　　　　　　　/ 161
B.12　The Impact of the Epidemic on Teaching and Learning in Higher Education　　　　　　　　　　　　　　　　　　　　　　　　/ 173

Ⅳ　Appendix

B.13　Technical Report　　　　　　　　　　　　　　　　　　　/ 183

总 报 告
General Report

B.1
高职毕业生就业发展趋势与成效

摘　要： 就业总量压力持续高位运行、局部地区疫情反弹等因素给应届高职毕业生去向落实增加了难度。专升本的扩招缓解了当前部分就业压力，但由此带来的滞后就业压力需要关注。在政策调控等因素影响下，房屋建筑、房地产相关领域吸纳毕业生的数量下降；服务行业仍需关注疫情的阶段性影响。与此同时，基础设施建设、医疗护理、幼儿教育等民生领域对毕业生的吸纳数量稳中有升；制造业保持稳步发展，为毕业生就业提供了保障；依托互联网平台的新就业形态为毕业生灵活就业提供了更多选择。产业的发展以及疫情以来线上、线下混合式教学的普及给学校教学带来了挑战，后续教育教学工作需要持续改进。

就业蓝皮书·高职

关键词： 就业　职业发展　满意度　高职生

麦可思自 2007 年开始进行大学毕业生跟踪评价，并从 2009 年开始根据评价结果每年出版就业蓝皮书，迄今已连续 14 年出版就业蓝皮书。本报告基于应届毕业、毕业三年后的跟踪评价数据，分析高职毕业生的就业发展趋势与成效，回应政府、媒体、高职院校师生以及社会大众关注的问题，并为高职人才培养的持续改进提供参考建议。

一　疫情以来专升本对毕业生分流作用持续扩大，滞后就业压力需要关注

当前就业总量压力持续高位运行、局部地区疫情反弹等因素给高校毕业生去向落实增加了难度，专升本的进一步扩招缓解了部分就业压力。数据显示，2021 届[①]高职毕业生毕业后读本科的比例（19.3%）已接近 20%，在 2020 届（15.3%）的基础上进一步提升，比 2017 届（5.4%）上升了 13.9 个百分点。当然需要注意的是，专升本规模的扩大会给 2~3 年后的就业带来一定挑战，滞后的就业压力需要给予持续关注。

（一）对农村生源等就业困难群体需给予更多关注

虽然专升本对高职毕业生的分流作用不断扩大，但就业依然是主流，就业指导工作需要持续改进和完善。高职院校中来自农村家庭的毕业生所占比例较高（2021 届为 48%），对这类群体毕业落实的关注与帮扶是就业指导工作的重点。高职农村家庭毕业生正在求职的比例（2021 届为 3.6%）高于非农村生源毕业生（2021 届为 2.9%），其求职就业可能存在一定困难，需给予更多关注和支持。

---

① 解读中提到的往届数据，均出自相应年份的"就业蓝皮书"。

（二）就业单位以民营企业为主，市场化岗位的供需和拓展情况需特别关注

民营企业是吸纳高职毕业生就业的主体，占比接近七成（2021届为69%）；就业单位规模以中小型企业为主，2021届在300人及以下规模企业就业的比例为63%。民营企业、中小型企业受外部市场环境变化（疫情等）的影响较大，促进高职毕业生毕业落实的稳定，需要特别关注这类市场化岗位的供需和拓展情况。

二 主要行业自疫情以来调整力度加大，毕业生就业面临新变化

疫情对部分行业造成较大冲击，给毕业生就业带来了挑战。自疫情以来，主要行业进一步加大了业务等方面的调整和优化力度，毕业生在相关领域的就业面临新变化。

（一）房屋建筑、房地产相关领域对高职毕业生吸纳水平下降

建筑业是应届高职毕业生就业量最大的行业类（2021届为10.7%），其中最主要的就业领域为房屋建筑业。房地产是房屋建筑业重要的需求源头，在政策调控等因素影响下，其需求变化将影响房屋建筑领域。数据显示，高职毕业生在房屋建筑业、房地产开发及租赁业就业的比例均有所下降，分别从2019届的5.4%、3.0%下降至2021届的5.1%、2.3%。

与此同时，道路桥梁等基础设施建设领域对高职毕业生的吸纳数量（2019~2021届分别为2.9%、3.0%、3.0%）保持稳定。"十四五"时期现代化基础设施体系建设将稳步推进，相关院校和专业可持续关注基建相关领域的用人需求，并合理优化自身专业结构、培养过程与就业指导工作。

（二）服务行业需关注疫情的阶段性影响

2020年的疫情对各类服务行业及相关岗位造成了不同程度的影响，

其中对高职毕业生而言，酒店/旅游/会展服务相关岗位受到的影响较为明显，2020届（1.5%）相比上一届（1.9%）下降幅度超过20%；2021届（1.5%）保持稳定。局部地区的疫情反弹对相关领域的阶段性影响延续，相关专业（以旅游大类为主）需持续关注毕业生的去向落实情况。

另外，各类专业设计与咨询服务业、金融业近年来不断调整优化自身业务，初级岗位逐渐趋于饱和，高职毕业生在这两类行业就业的比例均呈下降趋势（2018届分别为4.9%、5.2%，2021届分别为4.3%、4.0%）。对此，相关院校需关注财经商贸大类专业（特别是财务会计类专业）的就业情况，并有针对性地完善专业培养环节。

（三）毕业生在医疗、幼教领域就业的比例稳中有升

高职毕业生在医疗护理、幼儿教育等民生相关领域的就业量较大，且保持稳中有升的趋势。2021届毕业生在医疗和社会护理服务业就业的比例为8.0%，比2020届（7.4%）高0.6个百分点；在幼儿园与学前教育机构就业的比例（2019~2021届分别为2.5%、2.6%、2.7%）逐年上升。

值得关注的是，在医疗护理领域就业的高职毕业生主要服务于地方医院和基层医疗卫生服务机构（2021届分别为3.1%、1.4%），幼儿教育领域对高职毕业生吸纳水平的提升主要集中在中西部人口集中流入地（2019~2021届在中西部地区幼儿园与学前教育机构就业的比例分别为1.4%、1.5%、1.6%）。相关院校和专业可持续关注上述地区、领域的用人需求。

（四）制造业的稳步发展为毕业生就业提供保障

疫情以来制造业保持稳步发展，是保障毕业生就业的"稳定器"，2019~2021届高职毕业生在制造业就业的比例分别为20.9%、21.5%、22.9%。其中，民营制造企业是吸纳毕业生的主体，2021届就业比例达到16.2%；东部地区民营经济较为发达，制造企业较多，为毕业生提供的机会更多，2021

届在东部地区就业的高职毕业生中，服务于民营制造企业的比例（19.2%）接近20%，明显高于在非东部地区就业的毕业生（11.9%）。伴随着制造业优化升级的不断深入，装备制造大类、电子信息大类等工程类专业的培养环节需要进一步完善以适应产业发展的趋势。

三 灵活就业为毕业生就业提供新选择，后续发展情况仍需关注

在疫情防控常态化背景下，灵活就业对毕业生起到了分流作用，也在一定程度上缓解当前的就业压力。2021届高职毕业生中，有7.7%的人选择灵活就业，其中包括1.8%选择受雇半职工作，2.8%选择自由职业，3.1%选择自主创业。

（一）依托互联网平台的新就业形态为毕业生提供更多选择

2021届选择灵活就业的高职毕业生中，有近三成（28%）属于依托互联网平台的新就业形态，主要包括电商、主播、全媒体运营等。数字经济的发展使得依托互联网平台的新型就业模式、就业形态不断涌现，为毕业生就业与发展提供更多选择。

（二）灵活就业群体的就业质量仍有进一步提升的空间

灵活就业群体的就业质量仍需关注。2021届选择灵活就业的高职毕业生中，自由职业、受雇半职工作群体的月收入（分别为4045元、3804元）相对较低，从业幸福感（就业满意度分别为68%、66%）相对较弱。另外，自主创业群体的生存挑战持续增加，2018届毕业后选择创业的高职毕业生中，三年内有六成以上退出创业，仍在坚守的比例（39.5%）相比2017届同期（41.0%）进一步下降。随着国家和地方对灵活就业保障支持机制的不断加强和完善，灵活就业群体的就业质量仍有进一步提升的空间，灵活就业模式也将更大程度为"稳就业""保就业"提供支撑。

四 疫情防控常态化时期教育教学工作需要持续改进

疫情对教学工作开展影响较大，在突发疫情的2020年春季学期，高职院校学生、教学督导对课程教学的总体评分（分别为85.58分、87.01分）相比上一学期（分别为88.83分、89.41分）均明显下降。自2020~2021学年起，课程教学效果迅速恢复至疫情前水平。当然需要注意的是，疫情期间采用的线上教学方式在疫情防控常态化阶段得到延续，线上、线下混合式教学普及，这给日常教学工作带来了挑战，不同类型课程需要有针对性地加以改进。

（一）实践类课程需进一步强化线上、线下教学的衔接

实践类课程对教学场地与设施依赖程度相对较高，疫情期间受技术条件限制，很多操作在线上教学中无法实施，后续线下教学若不补充相应的操作环节，学生的学习效果将受到极大影响。数据显示，在疫情防控常态化阶段，高职学生对实践类课程的学习收获（包括专业知识的掌握与实践操作技能的提升）（86.55%~87.21%）持续低于疫情前的水平（89.27%）。对此，相关院校需注重实践类课程线上、线下教学的有效衔接，避免因衔接不畅而造成教学内容缺漏的情况。

（二）理论课需关注学生自主学习效果以及新技术、新工艺、新规范的纳入

理论课学习内容相对抽象，学习过程相比实践类课程更为枯燥，线上教学的普及让一部分学习能力、自觉性或自制力不足的学生受到了较大影响。数据显示，在疫情防控常态化阶段，学生对理论课的学习兴趣与投入（86.56%~87.50%）、学习收获（87.08%~88.68%）均低于疫情前的水平（分别为89.81%、90.15%）。就学生对这类课程的学习效果需持续重点关注。

与此同时，疫情进一步加速了相关产业的转型升级与发展，理论课的内容也需相应调整优化。高职学生对课程内容前沿性的评价（86.11%~88.93%）

相比其他方面仍偏低，其中电子信息大类最需要强化课程内容的更新与调整。相关院校和专业需关注课程内容的调整与更新，及时将产业前沿领域的新技术、新工艺、新规范纳入其中，从而更好地适应产业转型升级与发展的新要求。

（三）教师需进一步强化教学互动，并提升信息化教学能力

在学生学习兴趣与投入相对不足的情况下，教学互动环节能强化学生的课堂参与感，对于激发学生学习兴趣、促进学生对授课内容的理解与掌握均具有积极作用。然而教学督导评价数据显示，任课教师在教学互动环节（包括师生互动、生生互动）的开展效果（2021年秋季学期为87.61%）仍不足，后续可进一步强化。

此外，线上、线下混合式教学手段的普及对任课教师信息技术应用能力提出了更高的要求，而教学督导对教师信息化教学方面的评价（2021年秋季学期为87.77%）仍相对较低。相关院校可对教师信息化教学能力提升方面的需求给予更多关注和支持，并有针对性地改善校园信息化条件，从而更好地满足混合式教学的需要。

分 报 告
Sub Reports

B.2
高职生毕业去向分析

摘　要： 在经济增速放缓、高校毕业生规模持续增大以及疫情防控常态化的多重影响下，应届高职毕业生去向落实难度加大，虽然专升本扩招缓解了部分就业压力，但升本比例较疫情前翻番，滞后就业压力凸显。从应届高职毕业生的去向分布来看，2021届毕业后读本科的比例持续上升，较疫情前（2019届）翻番。从不同区域来看，泛长三角、泛珠三角地区高职院校毕业生毕业去向落实率较高，毕业生的就业机会和选择相对较多。从不同类型专业来看，与能源、生物/化工、土建、铁路等领域相关的专业毕业去向落实率较高；与旅游、餐饮等服务领域相关的专业，疫情对其影响依然延续，毕业去向落实率相对较低。

关键词： 毕业去向落实率　专升本　高职生

一 毕业去向分布

毕业半年后： 2021届毕业生毕业第二年（即2022年）的1月左右，麦可思在此时展开跟踪评价。此时毕业生的就业状况趋于稳定，有工作经历的毕业生也能够评估工作对自己知识、能力的要求水平。

毕业三年后： 麦可思于2021年对2018届大学毕业生进行了三年后跟踪评价（曾于2019年初对这批大学毕业生进行过半年后跟踪评价），本报告涉及的三年内的变化分析即使用两次对同一批大学生的跟踪评价数据。

毕业去向分布： 麦可思将中国高职毕业生的毕业状况分为七类，即受雇工作、自由职业、自主创业、入伍、读本科、准备升学、待就业。其中，受雇工作包含受雇全职工作、受雇半职工作，受雇全职工作指平均每周工作32小时或以上，受雇半职工作指平均每周工作20~31小时。待就业包含"无工作，继续寻找工作""无工作，其他"。

院校类型： 本报告分析中，高职院校类型划分为"双高"院校和其他高职院校。其中"双高"院校包含高水平建设院校56所，高水平专业群建设院校141所。其他高职院校包含除"双高"院校以外的高职院校。

近年来高校毕业生规模持续扩大，2021届全国高校毕业生规模达到909万人，同比增加35万人，毕业生就业总量压力持续高位运行。同时宏观经济增速放缓、局部地区新冠肺炎疫情反弹等因素给毕业生去向落实增加了难度。但由于专升本持续扩招，应届高职毕业生读本科比例增加，这在一定程度上缓解了当前就业总量的压力，对就业起到了缓冲作用。

从应届高职毕业生的毕业去向来看，读本科的比例进一步上升，2021届（19.3%）已接近20%，相比2017届（5.4%）上升了13.9个百分点；受雇工作的比例（2017届82.8%、2021届64.4%）相应下降（见表2-1）。

从不同院校类型来看，"双高"院校毕业生读本科比例更高，2021届（20.2%）已超过20%；其他高职院校毕业生读本科比例上升幅度更大，2021届（19.2%）比2020届（15.0%）高了4.2个百分点（见表2-2、表2-3）。

表2-1 2017~2021届高职院校毕业生毕业半年后的去向分布变化

单位：%，个百分点

高职院校毕业生毕业去向分布	2021届	2020届	2019届	2018届	2017届	五年变化
受雇工作	64.4	68.4	80.3	82.0	82.8	-18.4
自由职业	2.8	3.6	—	—	—	—
自主创业	3.1	2.8	3.4	3.6	3.8	-0.7
入伍	1.0	0.8	0.6	0.6	0.5	0.5
读本科	19.3	15.3	7.6	6.3	5.4	13.9
未就业	9.4	9.1	8.1	7.5	7.5	1.9

注1："自由职业"为2020届新增选项，下同。
注2：五年变化百分点是指2021届的比例减去2017届的比例，下同。
注3：未就业包括准备升学和待就业，下同。
资料来源：麦可思－中国2017~2021届大学毕业生培养质量跟踪评价。

表2-2 2017~2021届"双高"院校毕业生毕业半年后的去向分布变化

单位：%，个百分点

"双高"院校毕业生毕业去向分布	2021届	2020届	2019届	2018届	2017届	五年变化
受雇工作	65.8	68.8	80.1	82.7	84.2	-18.4
自由职业	2.5	3.3	—	—	—	—
自主创业	3.0	2.7	3.3	3.6	3.8	-0.8
入伍	1.2	1.0	0.7	0.5	0.4	0.8
读本科	20.2	17.2	9.9	7.6	6.0	14.2
未就业	7.3	7.0	6.0	5.6	5.6	1.7

资料来源：麦可思－中国2017~2021届大学毕业生培养质量跟踪评价。

表2-3 2017~2021届其他高职院校毕业生毕业半年后的去向分布变化

单位：%，个百分点

其他高职院校毕业生毕业去向分布	2021届	2020届	2019届	2018届	2017届	五年变化
受雇工作	64.0	68.4	80.3	81.8	82.4	-18.4
自由职业	2.9	3.6	—	—	—	—
自主创业	3.1	2.8	3.4	3.6	3.8	-0.7
入伍	1.0	0.8	0.5	0.6	0.5	0.5
读本科	19.2	15.0	7.2	6.1	5.3	13.9
未就业	9.8	9.4	8.6	7.9	8.0	1.8

资料来源：麦可思－中国2017~2021届大学毕业生培养质量跟踪评价。

高职生毕业去向分析

随着离校时间的推移，毕业生的去向落实越来越充分。毕业三年后，高职毕业生已普遍受雇工作，同时自主创业的比例也较高。具体来看，2018届高职毕业生在毕业三年后受雇工作的比例超过八成（83.8%），自主创业的比例为6.9%；"双高"院校、其他高职院校毕业生在毕业三年后受雇工作的比例分别为84.1%、83.8%，自主创业的比例分别为7.0%、6.9%（见图2-1）。

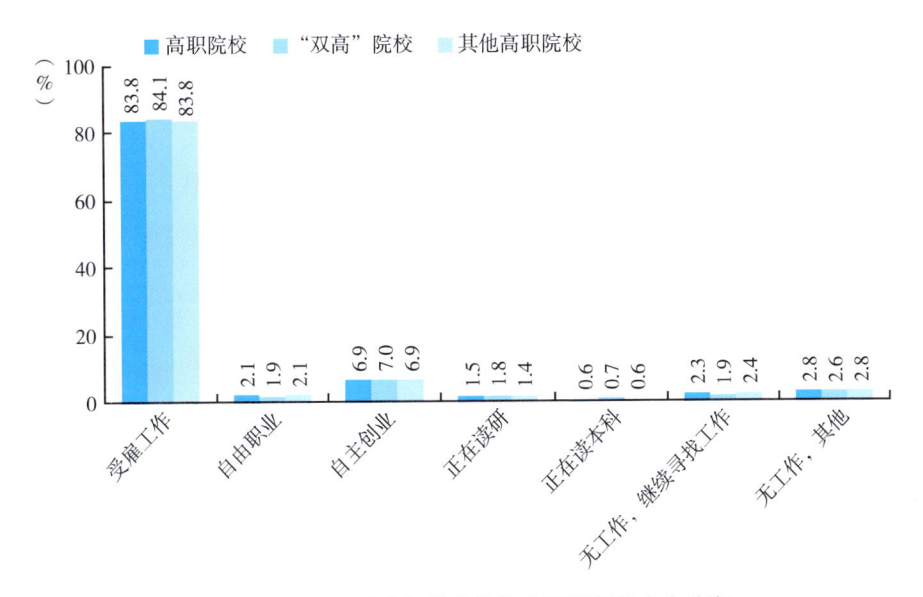

图 2-1　2018 届高职毕业生毕业三年后的去向分布

资料来源：麦可思－中国2018届大学毕业生三年后职业发展跟踪评价。

二　疫情影响

局部地区新冠肺炎疫情的持续反复，加之经济发展的压力，使得毕业生去向落实所受影响有所延续。相较2020年，疫情对求职就业的影响程度仍最大但有所下降。2021届高职毕业生中，有近半数（49%）表示疫情对自己的

011

求职就业产生了影响，较 2020 届（56%）下降了 7 个百分点（见图 2-2）。

求职就业受到疫情影响的高职毕业生中，有 70% 表示招聘岗位减少，有 65% 表示求职进程受阻；疫情对薪资福利的影响有所减弱（2021 届表示薪资福利受影响的比例较 2020 届下降了 4 个百分点）（见图 2-3）。

图 2-2 疫情对 2020 届、2021 届高职毕业生毕业去向落实的影响

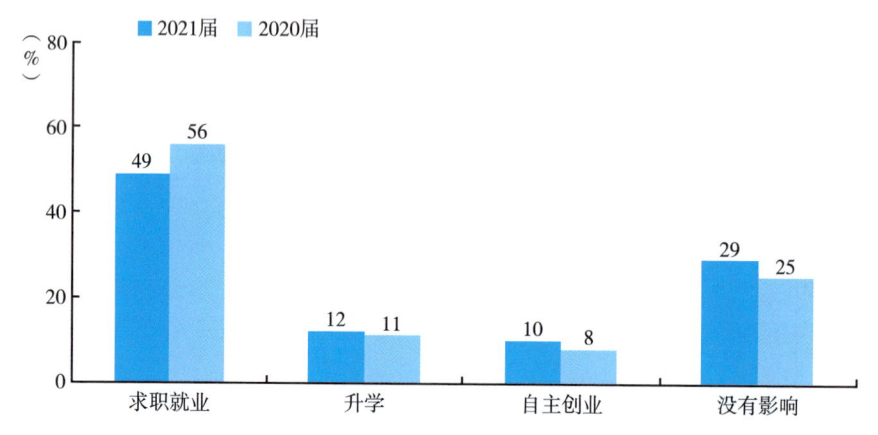

	2021届	2020届
求职就业	49	56
升学	12	11
自主创业	10	8
没有影响	29	25

资料来源：麦可思-中国 2020 届、2021 届大学毕业生培养质量跟踪评价。

图 2-3 2020 届、2021 届高职毕业生求职就业受到疫情影响的方面（多选）

	2021届	2020届
招聘岗位减少，就业难度加大	70	70
疫情影响求职、实习、面试等进程	65	67
薪资福利受影响	38	42
工作单位受影响而裁员	36	38
日常业务受影响	35	33

资料来源：麦可思-中国 2020 届、2021 届大学毕业生培养质量跟踪评价。

三 毕业去向落实率分析

毕业去向落实率：高职毕业生的毕业去向落实率＝已就业高职毕业生数／高职毕业生总数。其中已就业人群包括"受雇工作""自由职业""自主创业""入伍""读本科"五类。

专升本对高职毕业生的分流作用进一步扩大，延缓了就业总量压力，促进了毕业去向落实率的稳定。数据显示，2021届高职生毕业半年后毕业去向落实率为90.6%，其中"双高"院校毕业生毕业去向落实率为92.7%，高于其他高职院校（90.2%）（见图2-4）。

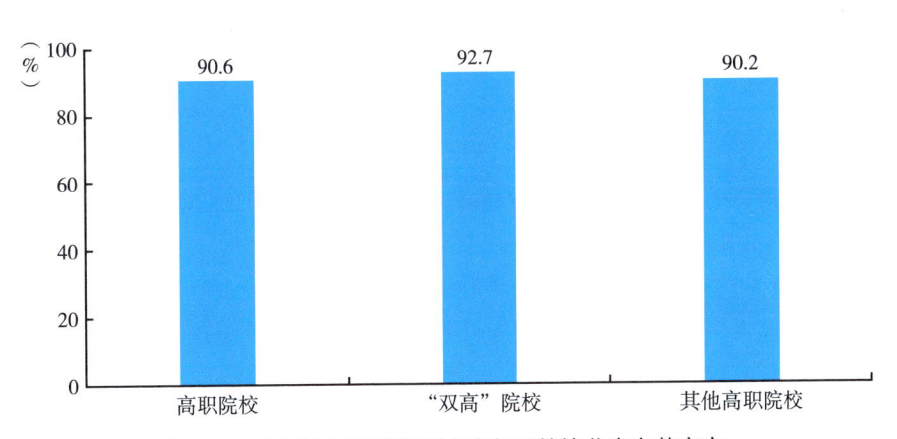

图2-4 2021届高职生毕业半年后的毕业去向落实率

资料来源：麦可思-中国2021届大学毕业生培养质量跟踪评价。

本研究依据国家不同阶段的五年规划，同时结合各地区高校的特点，把中国31个省、自治区和直辖市分为八个区域，以相对细致地了解各地高校毕业生就业特点，具体如下：a.东北区域；b.泛渤海湾区域；c.陕甘宁青区域；d.中部区域；e.泛长江三角洲区域；f.泛珠江三角洲区域；g.西南区域；h.西部生态区域。

从不同区域来看，2021届泛长三角高职院校毕业生半年后的毕业去向落实率（93.2%）最高，其次是泛珠三角（92.3%）（见图2-5）。泛长三角、泛珠三角整体经济发展水平较高，民营经济较为活跃，为高职毕业生提供了较多就业机会和选择。

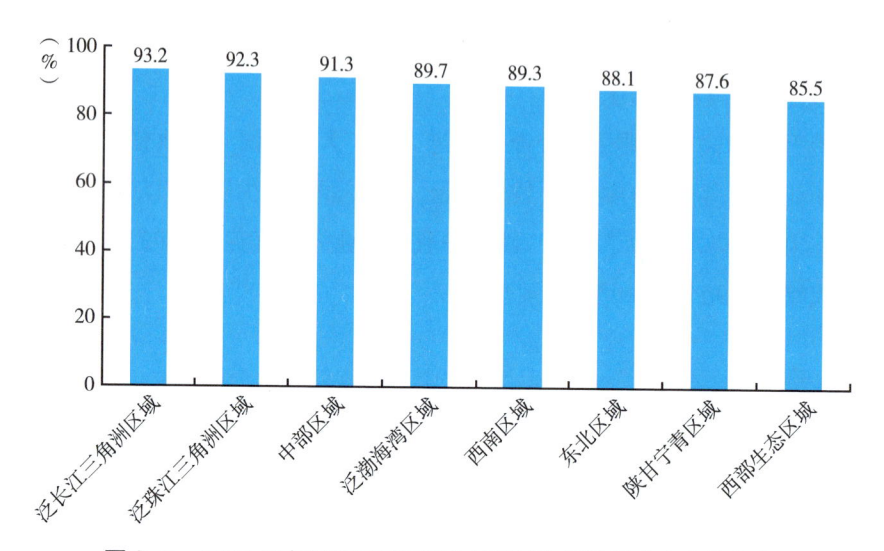

图2-5 2021届各经济区域高职生毕业半年后的毕业去向落实率

资料来源：麦可思-中国2021届大学毕业生培养质量跟踪评价。

专业大类：按照教育部的专业目录，本次跟踪评价覆盖了高职院校所开设的专业大类19个。

专业类：按照教育部的专业目录，本次跟踪评价覆盖了高职院校所开设的专业类94个。

专业：按照教育部的专业目录，本次跟踪评价覆盖了高职院校所开设的专业583个。

从不同学科门类来看，2021届能源动力与材料大类、生物与化工大类、土木建筑大类的毕业去向落实率（分别为92.6%、92.5%、92.4%）位列前三位；旅游大类的毕业去向落实率（88.3%）相对较低，可见疫情对旅游相关领域的影响依然延续（见表2-4）。

进一步从各专业类来看，除了上述毕业生毕业去向落实率较高的专业大类外，其他专业大类中，道路运输类、康复治疗类专业毕业生毕业去向落实率（分别为93.7%、93.4%）也较高。可见一方面，现代化基础设施体系建设的推进使得基建领域对相关专业（如道路运输类下属的道路桥梁工程技术专业）毕业生需求程度较高；另一方面，社会老龄化程度提升，康复养老方面需求增加，这为康复治疗类专业毕业生就业提供了较多选择（见表2-5）。

表2-4 2021届高职各专业大类毕业生毕业半年后的毕业去向落实率
单位：%

高职专业大类名称	毕业去向落实率	高职专业大类名称	毕业去向落实率
能源动力与材料大类	92.6	教育与体育大类	91.0
生物与化工大类	92.5	财经商贸大类	90.9
土木建筑大类	92.4	电子信息大类	90.3
公共管理与服务大类	92.2	资源环境与安全大类	90.2
装备制造大类	92.1	农林牧渔大类	89.9
文化艺术大类	91.7	新闻传播大类	89.1
食品药品与粮食大类	91.3	医药卫生大类	88.8
交通运输大类	91.2	旅游大类	88.3
		全国高职	90.6

注：个别专业大类因为样本较少，没有包括在内。
资料来源：麦可思-中国2021届大学毕业生培养质量跟踪评价。

表2-5 2021届高职主要专业类毕业生毕业半年后的毕业去向落实率
单位：%

高职专业类名称	毕业去向落实率	高职专业类名称	毕业去向落实率
道路运输类	93.7	化工技术类	93.1
康复治疗类	93.4	语言类	93.1
机电设备类	93.2	食品药品管理类	93.0
公共事业类	93.2	临床医学类	93.0

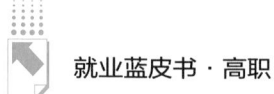

续表

高职专业类名称	毕业去向落实率	高职专业类名称	毕业去向落实率
电力技术类	92.9	建筑设备类	91.4
土建施工类	92.9	环境保护类	91.3
建设工程管理类	92.9	船舶与海洋工程装备类	91.3
城市轨道交通类	92.8	航空运输类	91.2
市政工程类	92.7	房地产类	91.1
林业类	92.6	铁道运输类	91.1
医学技术类	92.6	食品工业类	90.8
市场营销类	92.3	工商管理类	90.6
艺术设计类	92.3	农业类	90.5
电子信息类	92.1	金融类	90.5
药学类	92.1	教育类	90.5
电子商务类	92.1	测绘地理信息类	90.4
机械设计制造类	92.0	水上运输类	90.1
自动化类	92.0	计算机类	90.0
汽车制造类	92.0	财务会计类	89.5
建筑设计类	91.9	广播影视类	89.5
经济贸易类	91.9	畜牧业类	89.2
物流类	91.9	餐饮类	88.6
公共管理类	91.8	护理类	88.5
通信类	91.7	表演艺术类	88.2
药品制造类	91.6	旅游类	87.8
		全国高职	90.6

注：个别专业类因为样本较少，没有包括在内。
资料来源：麦可思－中国2021届大学毕业生培养质量跟踪评价。

高职生毕业去向分析

在基础设施建设稳步推进的同时，国家 2021 年对外贸易再创新高，此外疫情防控常态化阶段大量的核酸检测工作对医学检验人员数量维持较高需求，这让相关专业毕业去向落实率保持较高水平。从 2021 届就业量最大的前 50 位高职专业来看，毕业生半年后毕业去向落实率较高的专业包括道路桥梁工程技术（94.4%）、商务英语（94.2%）、应用英语（94.0%）、国际经济与贸易（93.8%）、医学检验技术（93.6%）等（见表 2-6）。

另外，从高职生毕业去向落实率排名前 50 的专业来看，工程类专业占了近六成，其中与铁路、道路运输以及电力能源领域相关的专业表现相对突出，包括铁道机车（95.6%）、铁道工程技术（94.8%）、高速铁道工程技术（94.7%）、城市轨道交通工程技术（94.6%）、发电厂及电力系统（94.4%）、道路桥梁工程技术（94.4%）等；非工程类专业中，毕业去向落实率较高的包括社会体育（95.2%）、产品艺术设计（94.7%）、社会工作（94.4%）等（见表 2-7）。

表 2-6　2021 届高职生毕业半年后就业量最大的前 50 位专业的毕业去向落实率

单位：%

高职就业量最大的前 50 位专业名称	毕业去向落实率
道路桥梁工程技术	94.4
商务英语	94.2
应用英语	94.0
国际经济与贸易	93.8
医学检验技术	93.6
环境艺术设计	93.5
临床医学	93.1
建筑工程技术	93.0
汽车营销与服务	93.0
电子信息工程技术	92.9
工程造价	92.8
建设工程管理	92.8
药学	92.7
空中乘务	92.6

续表

高职就业量最大的前50位专业名称	毕业去向落实率
模具设计与制造	92.5
电气自动化技术	92.4
艺术设计	92.4
机电一体化技术	92.3
机械设计与制造	92.3
学前教育	92.2
电子商务	92.1
数控技术	92.1
广告设计与制作	92.1
市场营销	92.0
建筑室内设计	92.0
建筑装饰工程技术	92.0
物流管理	91.9
城市轨道交通运营管理	91.9
药品生产技术	91.9
机械制造与自动化	91.8
汽车检测与维修技术	91.7
应用电子技术	91.7
视觉传播设计与制作	91.6
数字媒体应用技术	91.5
软件技术	91.4
英语教育	91.1
计算机网络技术	91.0
金融管理	90.8
工商企业管理	90.6
会计	89.8
计算机应用技术	89.5
酒店管理	89.4
财务管理	89.3
护理	88.8

续表

高职就业量最大的前 50 位专业名称	毕业去向落实率
动漫制作技术	88.8
畜牧兽医	88.3
助产	88.1
小学教育	87.7
旅游管理	87.4
语文教育	87.0
全国高职	90.6

资料来源：麦可思－中国 2021 届大学毕业生培养质量跟踪评价。

表 2-7　2021 届高职生毕业半年后毕业去向落实率排前 50 位的主要专业

单位：%

高职生毕业去向落实率排前 50 位的专业名称	毕业去向落实率
铁道机车	95.6
社会体育	95.2
工业分析技术	94.8
铁道工程技术	94.8
高速铁道工程技术	94.7
产品艺术设计	94.7
城市轨道交通工程技术	94.6
发电厂及电力系统	94.4
道路桥梁工程技术	94.4
社会工作	94.4
商务英语	94.2
应用英语	94.0
建筑经济管理	93.8
城市轨道交通机电技术	93.8
国际贸易实务	93.8
国际经济与贸易	93.8
康复治疗技术	93.7
国际商务	93.7
数控设备应用与维护	93.6
工业机器人技术	93.6

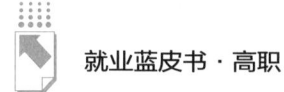

续表

高职生毕业去向落实率排前 50 位的专业名称	毕业去向落实率
医学检验技术	93.6
医学美容技术	93.6
建筑设计	93.5
云计算技术与应用	93.5
服装与服饰设计	93.5
环境艺术设计	93.5
动车组检修技术	93.4
眼视光技术	93.4
工业设计	93.3
电力系统自动化技术	93.2
汽车运用与维修技术	93.2
口腔医学	93.2
水利水电建筑工程	93.1
临床医学	93.1
人力资源管理	93.1
建筑工程技术	93.0
机电设备维修与管理	93.0
物联网应用技术	93.0
汽车营销与服务	93.0
建筑设备工程技术	92.9
电子信息工程技术	92.9
大数据技术与应用	92.9
互联网金融	92.9
建设工程管理	92.8
工程造价	92.8
药品经营与管理	92.8
铁道供电技术	92.8
室内艺术设计	92.8
药学	92.7
应用化工技术	92.7
全国高职	90.6

注：毕业生规模过小的专业不包括在此排序中。
资料来源：麦可思－中国 2021 届大学毕业生培养质量跟踪评价。

四　未就业分析

未就业：本研究将应届毕业生在毕业半年后跟踪评价时既没有受雇工作，也没有创业、自由职业、入伍或升学的状态，视为未就业。这包括准备升学、还在找工作和其他暂不就业三种情况。

2021届高职毕业生毕业半年后未就业的比例为9.4%，其中"双高"院校毕业生未就业比例（7.3%）低于其他高职院校（9.8%）（见图2-6）。

图2-6　2017~2021届高职毕业生毕业半年后未就业比例变化趋势

资料来源：麦可思-中国2017~2021届大学毕业生培养质量跟踪评价。

未就业的高职毕业生以求职为主，2021届近半数（49%）正在找工作，尚未落实工作主要与其个人择业标准、职业规划有关。正在找工作的高职毕业生中，有六成以上（65%）收到过用人单位的录用通知，未接受录用的主因是出于薪资福利、个人发展空间等方面的考虑，这也反映出部分毕业生的求职预期和实际职场状况之间依然存在错位的情况（见图2-7、图2-8、图2-9）。

图 2-7 2021 届高职未就业毕业生分布

资料来源：麦可思-中国 2021 届大学毕业生培养质量跟踪评价。

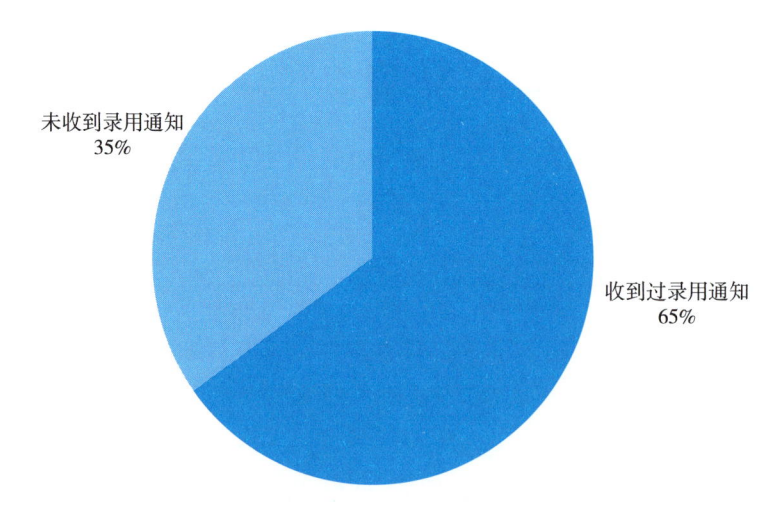

图 2-8 2021 届高职正在找工作的毕业生收到过录用通知的比例

资料来源：麦可思-中国 2021 届大学毕业生培养质量跟踪评价。

高职生毕业去向分析

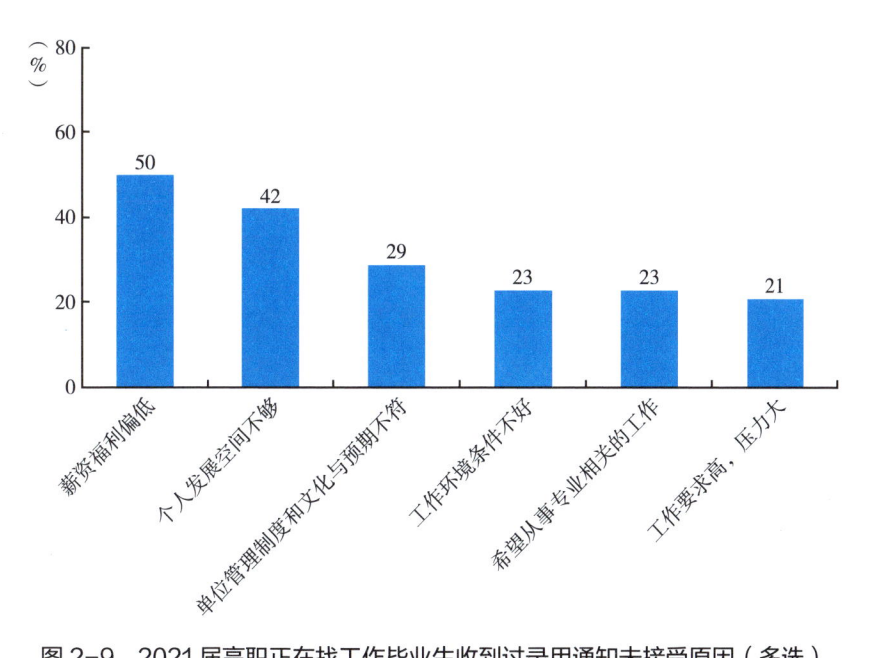

图 2-9 2021 届高职正在找工作毕业生收到过录用通知未接受原因（多选）

资料来源：麦可思－中国 2021 届大学毕业生培养质量跟踪评价。

数据（按柱状图从左至右）：
- 薪资福利偏低：50
- 个人发展空间不够：42
- 单位管理制度和文化与预期不符：29
- 工作环境条件不好：23
- 希望从事专业相关的工作：23
- 工作要求高，压力大：21

023

B.3
高职毕业生就业结构分析

摘　要： 新冠肺炎疫情以来，高职毕业生的就业流向有所变化。从就业地来看，高职毕业生就业重心进一步下沉，外流有所减少。从就业领域来看，疫情防控常态化下制造业稳步发展，继续充当了高职毕业生就业的"稳定器"；新业态、新模式的发展为毕业生提供了更多选择；服务行业仍需关注疫情带来的阶段性影响。民企依然是吸纳高职毕业生的主力军。需要关注的是，能源动力与材料大类、交通运输大类在国有企业就业的比例下降较多，反映了政策性岗位开拓是暂时的。

关键词： 就业地　行业　新业态　民企　高职生

一　就业地分析

从应届毕业生就业地[①]特点来看，2021届高职毕业生在泛长三角地区就业的占比（22.8%）最高，其后依次是泛渤海湾地区（20.0%）、泛珠三角地区（19.5%）等（见图3-1）。结合各地区实际毕业生占比和毕业去向落实率来看，泛珠三角、泛长三角地区对人才吸引力（毕业生占比分别为14.6%、19.3%，毕业去向落实率分别为92.3%、93.2%）保持较高水平。此外，西南地区、中部地区就业比例上升趋势明显，2021届（分别为13.8%、13.2%）较2017届（分别为12.6%、11.6%）分别上升了1.2个、1.6个百分点。

---

① 就业地：指大学毕业生的就业所在地区。

高职毕业生就业结构分析

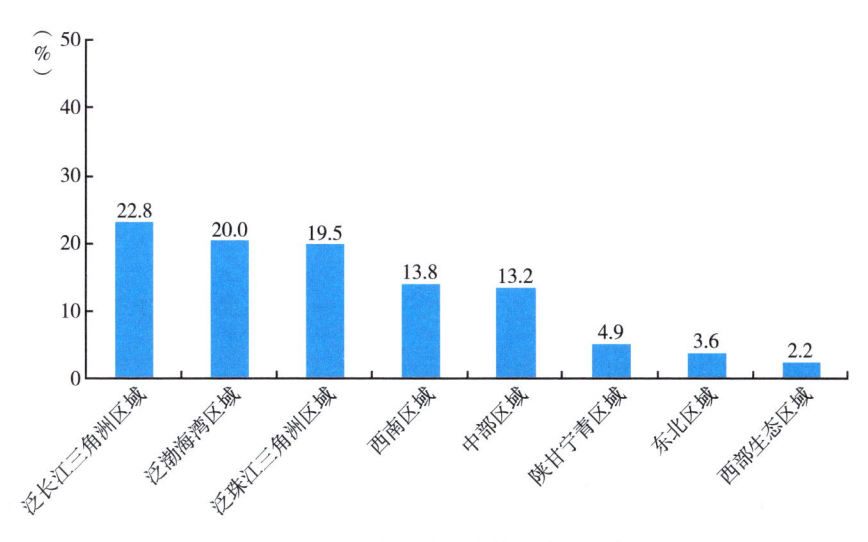

图 3-1　2021 届高职毕业生就业地的分布

资料来源：麦可思－中国 2021 届大学毕业生培养质量跟踪评价。

城市类型：

1. 本研究按行政级别把中国内地城市分为以下三种类型。

a. 直辖市：包括北京、上海、天津、重庆。

b. 副省级城市：包括哈尔滨、长春、沈阳、大连、济南、青岛、南京、杭州、宁波、厦门、广州、深圳、武汉、成都、西安 15 个城市。部分省会城市不属于副省级城市。

c. 地级城市及以下：如绵阳、保定、苏州等，也包括省会城市如福州、银川等，以及地级市下属的县、乡等。

高职毕业生就业重心进一步下沉。从近五年趋势来看，高职毕业生选择在地级城市及以下就业的比例有所上升，从 2017 届的 62% 上升到 2021 届的 66%；与此同时，毕业生选择在直辖市与副省级城市就业的比例均有所下降，分别从 2017 届的 11%、27% 下降到 2021 届的 9%、25%（见图 3-2）。

2. 本研究按城市发展水平、综合经济实力等把主要城市分为一线城市和新一线城市。

一线城市： 北京、上海、广州、深圳。

新一线城市:《第一财经周刊》于2013年首次提出"新一线城市"概念,依据商业资源集聚度、城市枢纽性、城市人活跃度、生活方式多样性和未来可塑性五大指标,每年评出15座新一线城市。2021年评出的15座新一线城市依次是:成都、杭州、重庆、西安、苏州、武汉、南京、天津、郑州、长沙、东莞、佛山、宁波、青岛、沈阳。

图 3-2 2017~2021 届高职毕业生就业城市类型分布变化

资料来源:麦可思-中国2017~2021届大学毕业生培养质量跟踪评价。

新一线城市对应届高职毕业生的吸引力稳中有升。从近五年的数据来看,高职毕业生选择在新一线城市就业的比例从2017届的22%上升到2021届的24%,而在一线城市就业的比例从2017届的16%下降到2021届的14%(见图3-3)。新一线城市不断优化的就业环境和人才引进政策促使更多毕业生选择新一线城市。

二 行业、职业流向分析

(一)就业的主要行业及变化趋势

行业:根据麦可思中国行业分类体系,本次跟踪评价覆盖了高职毕业生就业的328个行业。

高职毕业生就业结构分析

图 3-3　2017~2021 届高职毕业生在一线城市、新一线城市就业的比例变化趋势

资料来源：麦可思－中国 2017~2021 届大学毕业生培养质量跟踪评价。

本报告各图表中的"就业比例"：在某类行业中就业的高职毕业生人数/全国同届次高职毕业生就业总数。

疫情防控常态化阶段制造业稳步发展，继续充当了高职毕业生就业的"稳定器"；新业态、新模式的发展为毕业生提供了更多选择；服务行业仍需关注疫情带来的阶段性影响。从毕业生就业行业的占比来看，2021 届高职毕业生半年后就业量最大的行业类是"建筑业"（10.7%），其后依次是"医疗和社会护理服务业"（8.0%）、"教育业"（6.9%）、"零售业"（6.7%）等。其中，毕业生在"建筑业"的就业比例呈现下降趋势，较 2017 届（12.5%）下降了 1.8 个百分点，其中在房屋建筑业与建筑装修业就业的比例下降较为明显，2021 届（合计 6.8%）相比 2017 届（合计 8.2%）下降了 1.4 个百分点；网上零售等新业态、新模式自疫情以来进一步发展，为毕业生就业提供了更多选择，高职毕业生在零售业就业的比例呈现上升趋势，五年内上升了 0.5 个百分点。

高职毕业生在制造业的就业比例稳中有升，其中在"电子电气设备制造业""机械设备制造业"就业的比例相对较高，2021 届分别达到 5.1%、3.5%，比 2017 届（分别为 4.9%、3.1%）分别上升了 0.2 个、0.4 个百分点。

疫情对"居民服务、修理和其他服务业""住宿和餐饮业""文化、体育和娱乐业"等服务行业的冲击主要体现在2020届，2021届上述领域有所回稳，高职毕业生在"居民服务、修理和其他服务业""住宿和餐饮业""文化、体育和娱乐业"就业的比例（分别为4.7%、4.0%、3.3%）相比2020届（分别为4.6%、3.9%、3.0%）均有不同程度回升。当然，局部地区的疫情反弹依然会对上述领域造成阶段性影响，需持续关注。

另外，高职毕业生在"金融业"就业的比例下降趋势较为明显，五年内下降了2.6个百分点，对相关专业毕业生的求职就业情况需给予更多关注（见表3-1、表3-2）。

表3-1　2017~2021届高职毕业生就业的主要行业类变化趋势

单位：%，个百分点

行业类名称	2021届	2020届	2019届	2018届	2017届	五年变化
建筑业	10.7	11.4	11.1	11.9	12.5	-1.8
医疗和社会护理服务业	8.0	7.4	7.5	7.7	7.7	0.3
教育业	6.9	7.7	7.8	7.3	6.5	0.4
零售业	6.7	6.6	6.4	6.6	6.2	0.5
信息传输、软件和信息技术服务业	5.7	5.7	5.8	5.4	5.1	0.6
电子电气设备制造业（含计算机、通信、家电等）	5.1	4.8	4.6	4.8	4.9	0.2
居民服务、修理和其他服务业	4.7	4.6	4.7	4.6	4.4	0.3
各类专业设计与咨询服务业	4.3	4.3	4.7	4.9	4.7	-0.4
金融业	4.0	4.2	4.6	5.2	6.6	-2.6
住宿和餐饮业	4.0	3.9	3.9	3.5	3.2	0.8
机械设备制造业	3.5	3.3	3.1	2.9	3.1	0.4
文化、体育和娱乐业	3.3	3.0	3.1	2.8	2.9	0.4
政府及公共管理	3.0	3.0	3.2	3.3	3.1	-0.1
运输业	2.8	2.8	3.0	3.0	3.1	-0.3
化学品、化工、塑胶制造业	2.4	2.3	2.3	2.5	2.4	0.0
房地产开发及租赁业	2.3	2.9	3.0	3.1	3.1	-0.8

续表

行业类名称	2021届	2020届	2019届	2018届	2017届	五年变化
行政、商业和环境保护辅助业	2.3	2.3	2.4	2.5	2.3	0.0
农、林、牧、渔业	2.2	2.3	1.9	1.9	1.8	0.4
医药及设备制造业	2.1	2.1	2.1	1.9	1.7	0.4
交通运输设备制造业	2.1	2.0	2.1	2.5	2.7	−0.6
电力、热力、燃气及水生产和供应业	1.9	2.0	1.8	1.3	1.7	0.2
纺织、服装、皮革制造业	1.9	1.7	1.7	1.5	1.4	0.5
邮递、物流及仓储业	1.5	1.6	1.5	1.6	1.6	−0.1
食品、烟草、加工业	1.5	1.5	1.5	1.7	1.6	−0.1
其他制造业	1.5	1.2	1.0	0.6	0.5	1.0
批发业	1.4	1.5	1.4	1.7	1.7	−0.3
初级金属制造业	1.0	0.9	0.8	0.8	0.7	0.3
家具制造业	0.9	0.9	0.9	0.9	1.1	−0.2
采矿业	0.7	0.7	0.6	0.5	0.4	0.3
玻璃黏土、石灰水泥制品业	0.7	0.6	0.5	0.6	0.5	0.2
其他租赁业	0.3	0.3	0.3	0.2	0.2	0.1
群众团体、社会团体和宗教组织	0.2	0.2	0.2	0.1	0.2	0.0
木品和纸品业	0.2	0.2	0.3	0.4	0.4	−0.2

注：表中显示数字均保留一位小数，因为四舍五入进位，加起来可能不等于100%。
资料来源：麦可思－中国2017~2021届大学毕业生培养质量跟踪评价。

表3-2　2021届高职毕业生就业量最大的前50位行业

单位：%

行业名称	就业比例
居民服务业	3.0
幼儿园与学前教育机构	2.7
住宅建筑施工业	2.2
高速公路、街道及桥梁建筑业	2.1
综合性餐饮业	2.0
中小学教育机构	2.0

续表

行业名称	就业比例
综合医院	2.0
建筑基础、结构、楼房外观承建业	1.8
建筑装修业	1.7
互联网运营与网络搜索引擎业	1.7
药品和医药制造业	1.5
其他制造业	1.5
发电、输电业	1.4
基层医疗卫生服务机构	1.4
软件开发业	1.3
其他信息服务业	1.3
百货零售业	1.3
其他金融投资业	1.3
其他娱乐和休闲产业	1.3
物流仓储业	1.2
半导体和其他电子元件制造业	1.2
非住宅建筑施工业	1.2
其他零售业	1.1
会计、审计与税务服务业	1.0
广告及相关服务业	0.9
专科医院	0.9
保险代理、经销、其他保险相关业	0.9
电气设备制造业	0.8
旅客住宿业	0.8
建筑、工程及相关咨询服务业	0.8
其他学院和培训机构	0.8
其他化工产品制造业	0.8
教育辅助服务业	0.8
计算机及外围设备制造业	0.7
铁路运输业	0.7
汽车保养与维修业	0.7

续表

行业名称	就业比例
快餐业	0.7
单件机器制造业	0.6
其他通用机械设备制造业	0.6
其他电气设备及元器件生产业	0.6
医疗设备及用品制造业	0.6
通信设备制造业	0.6
牙医诊所	0.6
养猪业	0.6
电子产品和电器用品零售业	0.6
汽车制造业	0.6
数据处理、托管和相关服务业	0.6
房地产开发业	0.6
房地产租赁业	0.6
其他地产相关业	0.6

资料来源：麦可思－中国2021届大学毕业生培养质量跟踪评价。

（二）主要行业的就业稳定性

行业转换率：行业转换是指毕业生在毕业半年后就业于某行业（小类），而毕业三年内进入不同的行业就业。行业转换率是指有多大比例的毕业生在毕业三年内转换了行业。其计算方法为：分母是毕业半年后有工作的毕业生数，分子是毕业三年内所在行业与半年后所在行业不同的毕业生数。

2018届高职毕业生工作三年内有52%转换了行业，与2017届（51%）基本持平。其中"双高"院校毕业生稳定性相对较强，三年内的行业转换率（50%）低于其他高职院校（52%）（见图3-4）。

从各专业大类来看，文化艺术大类、旅游大类、电子信息大类、财经商贸大类毕业生毕业三年内的行业转换率持续较高（2018届分别为67%、63%、61%、59%），医药卫生大类、能源动力与材料大类、交通运输大类毕业生毕业三年内的行业转换率（2018届分别为29%、33%、35%）持续较低（见表3-3）。文化艺术、旅游、电子信息、财经商贸大类毕业生主要服务于消费性服务领域，人员流动较为频繁；医药卫生大类主要面向医疗卫生单位，能源动力与材料大类、交通运输大类主要面向相关领域的国有企业，就业稳定性更强。

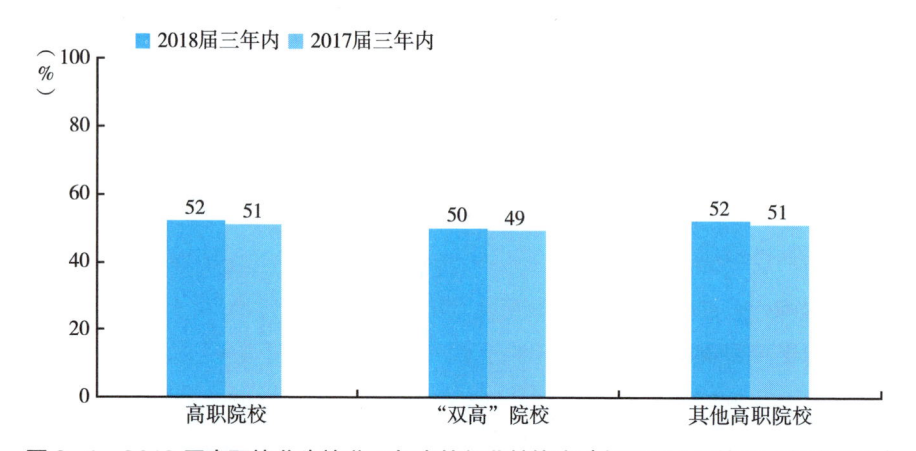

图3-4 2018届高职毕业生毕业三年内的行业转换率（与2017届毕业三年内对比）

资料来源：麦可思-中国2017届、2018届大学毕业生三年后职业发展跟踪评价，2017届、2018届大学毕业生培养质量跟踪评价。

表3-3 2018届高职各专业大类毕业生毕业三年内的行业转换率
（与2017届三年内对比）

单位：%

高职专业大类名称	2018届毕业生毕业三年内行业转换率	2017届毕业生毕业三年内行业转换率
文化艺术大类	67	65
旅游大类	63	60
电子信息大类	61	60
财经商贸大类	59	60
食品药品与粮食大类	55	57
装备制造大类	55	54
生物与化工大类	50	47
农林牧渔大类	48	48
土木建筑大类	47	50
资源环境与安全大类	46	44

续表

高职专业大类名称	2018届毕业生毕业三年内行业转换率	2017届毕业生毕业三年内行业转换率
教育与体育大类	43	42
交通运输大类	35	34
能源动力与材料大类	33	32
医药卫生大类	29	28
全国高职	52	51

注：个别专业大类因为样本较少，没有包括在内。
资料来源：麦可思-中国2017届、2018届大学毕业生三年后职业发展跟踪评价，2017届、2018届大学毕业生培养质量跟踪评价。

从不同行业类来看，疫情反弹对消费性服务行业的阶段性影响仍较大，毕业生转换率持续较高；电力、交通运输、医疗等领域就业单位以国有企业、事业单位为主，毕业生稳定性较强。具体来看，2018届高职毕业生毕业三年内行业转换率最高的前五位行业类是"批发业"（80%）、"文化、体育和娱乐业"（77%）、"金融业"（73%）、"零售业"（72%）、"信息传输、软件和信息技术服务业"（70%）；最低的前五位行业类是"电力、热力、燃气及水生产和供应业"（27%）、"运输业"（35%）、"医疗和社会护理服务业"（40%）、"教育业"（42%）、"建筑业"（46%）（见图3-5、图3-6）。

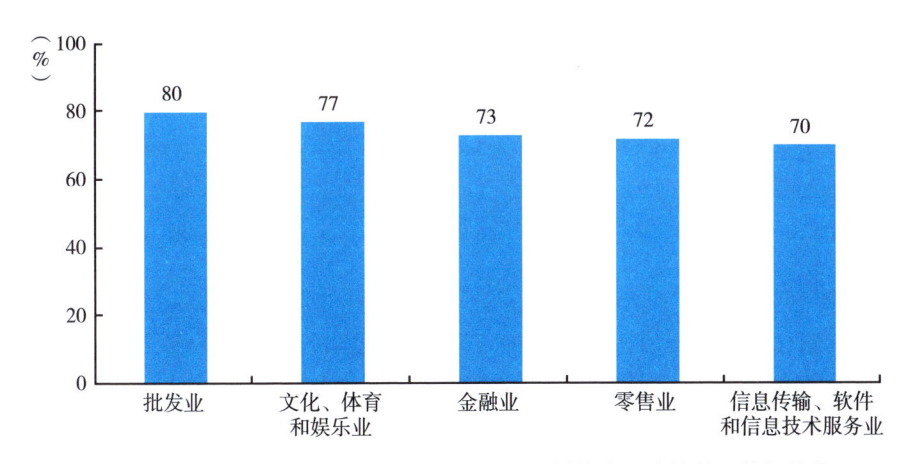

图3-5 2018届高职毕业生毕业三年内行业转换率最高的前五位行业类

注：毕业生规模过小的行业类不包括在此排序中。
资料来源：麦可思-中国2018届大学毕业生三年后职业发展跟踪评价，2018届大学毕业生培养质量跟踪评价。

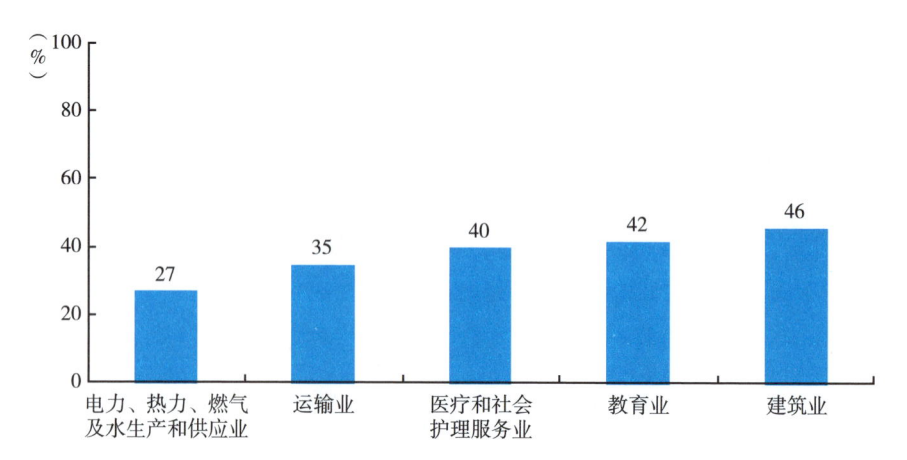

图3-6 2018届高职毕业生毕业三年内行业转换率最低的前五位行业类

（电力、热力、燃气及水生产和供应业：27；运输业：35；医疗和社会护理服务业：40；教育业：42；建筑业：46）

注：毕业生规模过小的行业类不包括在此排序中。

资料来源：麦可思－中国2018届大学毕业生三年后职业发展跟踪评价，2018届大学毕业生培养质量跟踪评价。

（三）从事的主要职业及变化趋势

职业：根据麦可思中国职业分类体系，本次跟踪评价覆盖了高职毕业生能够从事的552个职业。

本报告各表中的"就业比例"＝在某类职业中就业的高职毕业生人数/全国同届次高职毕业生就业总数。

销售人员占比持续较高，建筑工程、财务审计类岗位的占比有所下降。从毕业生就业岗位的占比来看，2021届高职毕业生半年后就业最多的职业类是"销售"（9.7%），其后依次是"建筑工程"（7.3%）、"财务/审计/税务/统计"（7.2%）、"行政/后勤"（7.1%）、"医疗保健/紧急救助"（7.1%）等，其中"销售"职业类的占比近五年持续较高；"建筑工程""财务/审计/税务/统计"职业类的占比较2017届（分别为8.4%、9.0%）分别下降了1.1个、1.8个百分点，这分别与房屋建筑业需求下降、各类专业设计与咨询服务业中的初级岗位（会计等）趋于饱和有关。

另外，近五届高职毕业生从事"金融（银行/基金/证券/期货/理财）"

类职业的比例持续下降，2021届（2.9%）比2017届下降了1.8个百分点，这与金融业的业务调整优化有关，行业内的初级岗位（银行柜员等）逐渐趋于饱和；从事"幼儿与学前教育"类职业的比例保持上升趋势，2021届（2.7%）比2017届增加了0.8个百分点，中西部人口集中流入地对幼儿教师的需求值得持续关注（见表3-4、表3-5）。

表3-4　2017~2021届高职毕业生从事的主要职业类变化趋势

单位：%，个百分点

高职职业类名称	2021届	2020届	2019届	2018届	2017届	五年变化
销售	9.7	9.9	9.8	8.9	8.9	0.8
建筑工程	7.3	8.1	7.8	7.9	8.4	−1.1
财务/审计/税务/统计	7.2	7.7	7.7	8.1	9.0	−1.8
行政/后勤	7.1	7.2	7.1	7.6	7.3	−0.2
医疗保健/紧急救助	7.1	6.6	6.6	6.8	6.8	0.3
互联网开发及应用	4.7	4.4	4.5	4.4	4.2	0.5
餐饮/娱乐	3.3	3.3	3.2	3.0	2.6	0.7
电气/电子（不包括计算机）	3.2	3.1	3.0	3.0	3.1	0.1
计算机与数据处理	3.1	2.9	2.9	2.9	2.7	0.4
美术/设计/创意	3.0	3.0	3.0	3.3	3.5	−0.5
机械/仪器仪表	2.9	2.8	2.8	2.9	2.8	0.1
金融（银行/基金/证券/期货/理财）	2.9	3.0	3.1	3.8	4.7	−1.8
交通运输/邮电	2.7	2.6	2.6	2.4	2.4	0.3
幼儿与学前教育	2.7	2.5	2.5	2.2	1.9	0.8
生产/运营	2.5	2.5	2.4	2.1	2.0	0.5
媒体/出版	2.2	2.2	2.1	2.7	2.7	−0.5
生物/化工	2.0	1.9	1.9	1.8	1.5	0.5
机动车机械/电子	2.0	1.9	1.8	1.9	2.1	−0.1
人力资源	2.0	1.8	1.8	1.8	1.6	0.4
中小学教育	1.8	2.1	2.1	2.1	1.9	−0.1

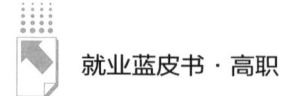

续表

高职职业类名称	2021届	2020届	2019届	2018届	2017届	五年变化
农/林/牧/渔类	1.6	1.7	1.5	1.5	1.4	0.2
房地产经营	1.5	1.8	1.9	2.0	2.1	-0.6
电力/能源	1.5	1.6	1.5	1.4	1.9	-0.4
酒店/旅游/会展	1.5	1.5	1.9	1.8	1.5	0.0
物流/采购	1.4	1.4	1.4	1.6	1.4	0.0
表演艺术/影视	1.4	1.2	1.1	0.9	0.7	0.7
职业/教育培训	1.3	1.5	1.6	1.2	1.1	0.2
保险	1.1	1.4	1.4	1.6	1.8	-0.7
公安/检察/法院/经济执法	1.0	0.9	1.1	1.0	0.9	0.1
工业安全与质量	1.0	0.9	1.0	0.9	0.9	0.1
经营管理	0.9	0.8	0.7	0.7	0.7	0.2
社区工作者	0.9	0.8	0.7	0.7	0.7	0.2
美容/健身	0.7	0.7	0.7	0.7	0.7	0.0
文化/体育	0.6	0.5	0.6	0.5	0.3	0.3
环境保护	0.6	0.5	0.6	0.7	0.6	0.0
测绘	0.6	0.4	0.4	0.5	0.5	0.1
服装/纺织/皮革	0.5	0.4	0.5	0.6	0.5	0.0
矿山/石油	0.4	0.4	0.4	0.4	0.3	0.1
航空机械/电子	0.4	0.4	0.4	0.4	0.4	0.0
船舶机械	0.3	0.3	0.3	0.1	0.1	0.2
冶金材料	0.2	0.3	0.3	0.2	0.2	0.0
家政	0.2	0.2	0.0	0.0	0.0	0.2
研究人员	0.2	0.2	0.2	0.2	0.2	0.0
家用/办公电器维修	0.2	0.2	0.2	0.2	0.2	0.0
公共关系	0.2	0.1	0.2	0.2	0.2	0.0
翻译	0.1	0.1	0.2	0.1	0.1	0.0

注：表中显示数字均保留一位小数，因为四舍五入进位，加起来可能不等于100%。
资料来源：麦可思－中国2017~2021届大学毕业生培养质量跟踪评价。

表 3-5　2021 届高职毕业生就业量最大的前 50 位职业

单位：%

高职职业名称	就业比例
文员	4.5
会计	4.0
护士	3.4
电子商务专员	2.3
客服专员	2.2
幼儿教师	2.0
建筑技术人员	1.7
营业员	1.5
各类销售服务人员	1.4
小学教师	1.4
室内设计师	1.3
餐饮服务生	1.2
房地产经纪人	1.2
教育培训人员	1.1
医生助理	1.1
施工工程技术人员	1.1
行政秘书和行政助理	1.0
互联网开发人员	1.0
化工厂系统操作人员	0.9
测量技术人员	0.8
平面设计人员	0.8
土木建筑工程技术人员	0.7

续表

高职职业名称	就业比例
推销员	0.7
招聘专职人员	0.7
旅店服务人员	0.7
信息支持与服务人员	0.7
化学技术人员	0.6
收银员	0.6
医学和临床实验室技术人员	0.6
地图制图与印刷工程技术人员	0.6
运营经理	0.6
销售经理	0.6
档案管理员	0.6
出纳员	0.6
电厂操作人员	0.6
网上商家	0.6
工程造价人员	0.6
包装设计师	0.5
银行柜员	0.5
室内装饰技术人员	0.5
销售技术人员	0.5
车身修理技术人员	0.5
汽车机械技术人员	0.5
电气技术人员	0.5
计算机程序员	0.5
餐饮服务主管	0.5

续表

高职职业名称	就业比例
质量管理工程技术人员	0.5
保单管理人员	0.5
人力资源助理	0.5
销售代表（批发和制造业，不包括科技类产品）	0.5

资料来源：麦可思－中国2021届大学毕业生培养质量跟踪评价。

（四）主要职业的就业稳定性

职业转换：职业转换是指毕业生在毕业半年后从事某种职业，毕业三年内由原职业转换到不同的职业。转换职业通常在工作单位内部完成的并不代表离职；反过来讲，更换雇主可能也不代表转换职业。

职业转换率：职业转换率是指有多大比例的毕业生在毕业三年内转换了职业。其计算方法为：分母是毕业半年后有工作的毕业生数，分子是毕业三年内从事的职业与半年后从事的职业不同的毕业生数。

2018届高职毕业生工作三年内有46%转换了职业，与2017届持平；"双高"院校、其他高职院校毕业生的职业转换率无差异，2018届均为46%（见图3-7）。

从各专业大类来看，旅游大类、文化艺术大类毕业生毕业三年内的职业转换率持续较高（2018届分别为60%、56%），医药卫生大类毕业生毕业三年内的职业转换率持续较低（2018届为32%）（见表3-6）。职业转换与岗位发展特点有关，旅游大类、文化艺术大类所面向的就业领域较广，加之疫情反弹等因素的阶段性影响，毕业生的岗位流动性较强；医药卫生大类毕业生从事专业相关工作的比例较高，岗位专业性较强，稳定程度较高。

图 3-7 2018 届高职毕业生毕业三年内的职业转换率（与 2017 届三年内对比）

	2018届三年内	2017届三年内
高职院校	46	46
"双高"院校	46	45
其他高职院校	46	46

资料来源：麦可思－中国 2017 届、2018 届大学毕业生三年后职业发展跟踪评价，2017 届、2018 届大学毕业生培养质量跟踪评价。

表 3-6 2018 届高职各专业大类毕业生毕业三年内的职业转换率（与 2017 届三年内对比）

单位：%

高职专业大类名称	2018 届毕业生毕业三年内职业转换率	2017 届毕业生毕业三年内职业转换率
旅游大类	60	59
文化艺术大类	56	55
装备制造大类	52	52
电子信息大类	51	51
食品药品与粮食大类	50	52
农林牧渔大类	48	50
财经商贸大类	48	49
资源环境与安全大类	47	49
土木建筑大类	47	48
生物与化工大类	41	41
教育与体育大类	38	40
交通运输大类	37	36
能源动力与材料大类	36	35
医药卫生大类	32	31
全国高职	46	46

注：个别专业大类因为样本较少，没有包括在内。

资料来源：麦可思－中国 2017 届、2018 届大学毕业生三年后职业发展跟踪评价，2017 届、2018 届大学毕业生培养质量跟踪评价。

三 用人单位流向分析

民营企业依然是吸纳高职毕业生就业的主体，占比接近七成。近三年高职毕业生在各类单位就业的比例整体保持稳定，2021届在民营企业/个体就业的比例（69%）最高，其后依次是国有企业（17%）、政府机构/科研或其他事业单位（8%）等（见图3-8）。

从各专业大类来看，新闻传播大类、文化艺术大类、财经商贸大类、电子信息大类毕业生在民营企业就业更多；能源动力与材料大类、交通运输大类在国有企业就业的比例较高但相比2020届有所下降（较2020届分别下降了13个、6个百分点），这可能与相关领域国有企业在2020年政策性扩招后，2021年对应届毕业生吸纳数量下降有关（见图3-9）。

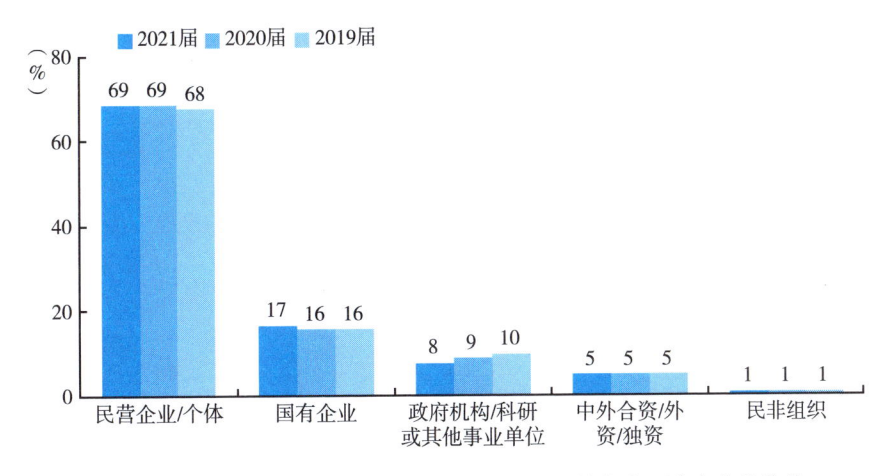

图3-8 2019~2021届高职毕业生就业的用人单位类型分布变化趋势

资料来源：麦可思-中国2019~2021届大学毕业生培养质量跟踪评价。

中小微企业是吸纳高职毕业生就业的主体。近三届高职毕业生在各类规模企业就业的比例整体保持稳定，2021届在300人及以下规模企业就业

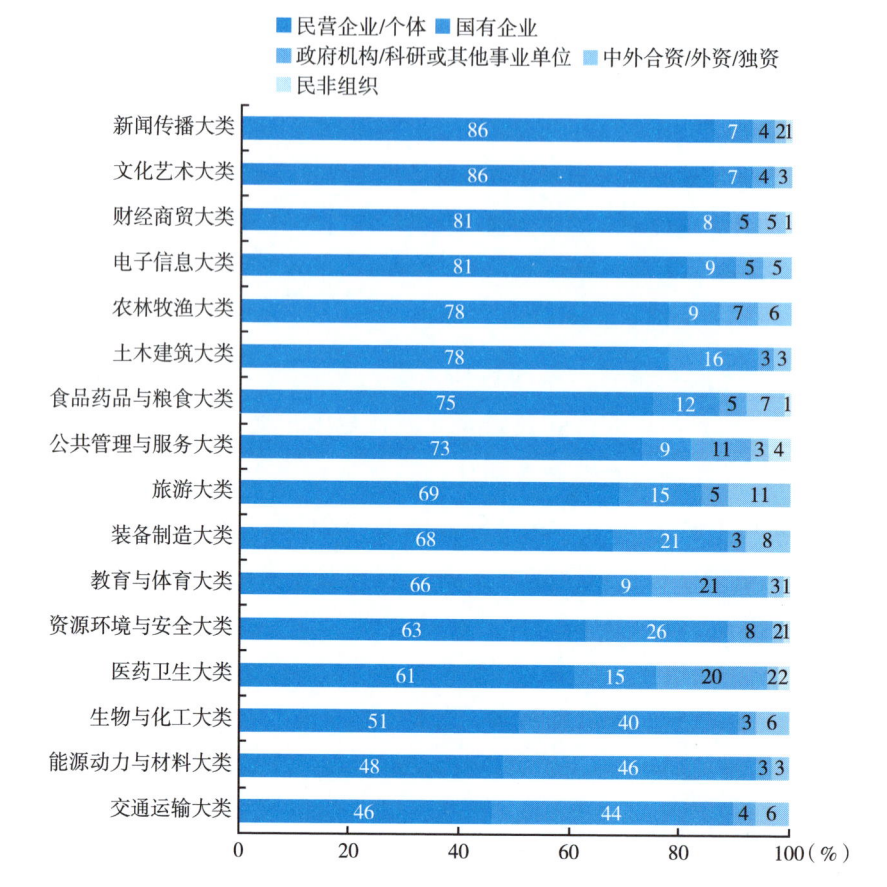

图例：
- 民营企业/个体
- 国有企业
- 政府机构/科研或其他事业单位
- 中外合资/外资/独资
- 民非组织

专业大类	民营企业/个体	国有企业	政府机构/科研或其他事业单位	中外合资/外资/独资	民非组织
新闻传播大类	86	7	4	2	1
文化艺术大类	86	7	4	—	3
财经商贸大类	81	8	5	5	1
电子信息大类	81	9	5	5	—
农林牧渔大类	78	9	7	6	—
土木建筑大类	78	16	3	3	—
食品药品与粮食大类	75	12	5	7	1
公共管理与服务大类	73	9	11	3	4
旅游大类	69	15	5	11	—
装备制造大类	68	21	3	8	—
教育与体育大类	66	9	21	3	1
资源环境与安全大类	63	26	8	2	1
医药卫生大类	61	15	20	2	2
生物与化工大类	51	40	3	6	—
能源动力与材料大类	48	46	3	3	—
交通运输大类	46	44	4	6	—

图 3-9　2021 届高职各专业大类毕业生就业的用人单位类型分布

注：个别专业大类因为样本较少，没有包括在内。
资料来源：麦可思－中国 2021 届大学毕业生培养质量跟踪评价。

的比例（63%）最高，其次是 3000 人以上规模的大型企业（16%）（见图 3-10）。

从各专业大类来看，教育与体育大类、新闻传播大类、文化艺术大类毕业生在 300 人及以下规模的单位比例更高，能源动力与材料大类、交通运输大类在 3000 人以上规模的单位就业比例更高（见图 3-11）。

高职毕业生就业结构分析

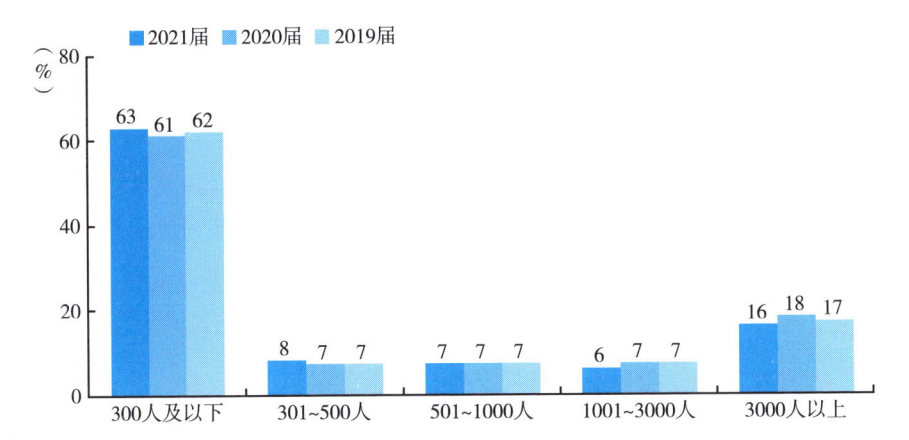

图 3-10　2019~2021 届高职毕业生就业的用人单位规模分布变化趋势

资料来源：麦可思 - 中国 2019~2021 届大学毕业生培养质量跟踪评价。

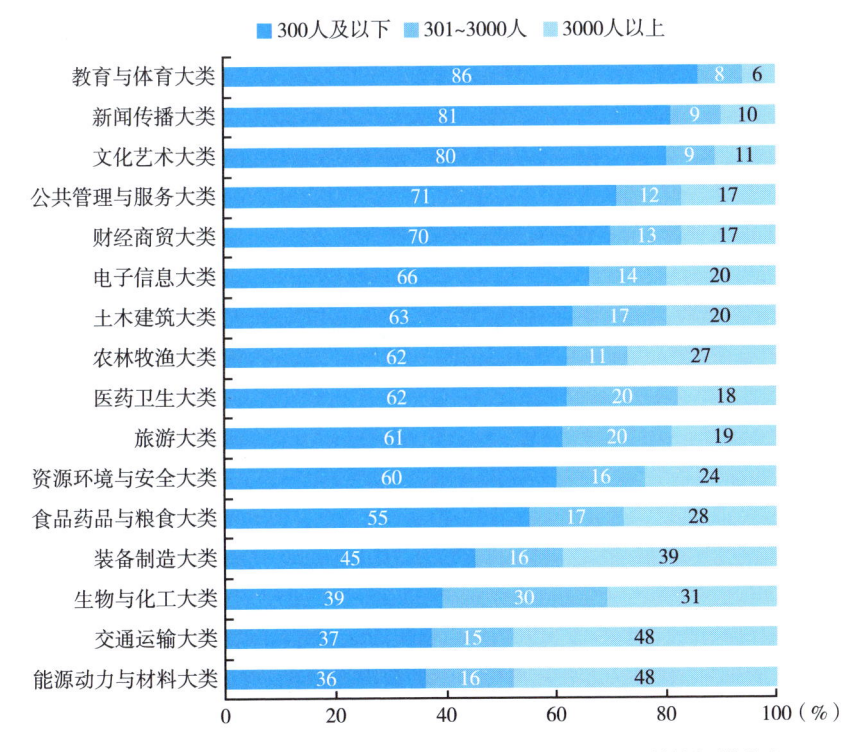

图 3-11　2021 届高职各专业大类毕业生就业的用人单位规模分布

注：个别专业大类因为样本较少，没有包括在内。

资料来源：麦可思 - 中国 2021 届大学毕业生培养质量跟踪评价。

043

四 专业预警分析

红牌专业指的是失业量较大，毕业去向落实率、薪资和就业满意度综合较低的专业。黄牌专业指的是除红牌专业外，失业量较大，毕业去向落实率、薪资和就业满意度综合较低的专业。绿牌专业指的是失业量较小，毕业去向落实率、薪资和就业满意度综合较高的专业，为需求增长型专业。"红黄绿牌"专业反映的是全国总体情况，各省（区、市）、各高校情况可能会有差别。

2022届高职就业绿牌专业包括：铁道机车、铁道工程技术、铁道供电技术、社会体育、发电厂及电力系统、道路桥梁工程技术。其中，铁道机车、铁道工程技术、社会体育专业连续三届绿牌。行业需求是造就绿牌专业的主要因素。

2022届高职就业红牌专业包括：数学教育、小学教育、英语教育、语文教育、法律事务。其中，小学教育、语文教育、法律事务专业连续三届红牌。这与相关专业毕业生供需矛盾有关（见表3-7）。

表3-7 2022届高职就业"红黄绿牌"专业

红牌专业	黄牌专业	绿牌专业
数学教育	烹调工艺与营养	铁道机车
小学教育	房地产经营与管理	铁道工程技术
英语教育	财务管理	铁道供电技术
语文教育	审计	社会体育
法律事务		发电厂及电力系统
		道路桥梁工程技术

资料来源：麦可思－中国2019~2021届大学毕业生培养质量跟踪评价。

B.4 高职毕业生收入分析

摘　要： 应届高职毕业生薪资较疫情前有提升。从不同就业地区来看，泛长三角、泛珠三角地区的薪资优势明显，陕甘宁青地区工作三年后薪资涨幅较大；从不同领域来看，运输业薪资保持领先，较疫情初期有所回升，另外，机械、化工、采矿等领域薪资增长明显，农/林/牧/渔类职业月收入增长最快。高等职业教育回报在毕业三到五年后明显，工作三年后的薪资是毕业时的1.7倍，工作五年后的薪资是毕业时的2.2倍。在民营企业、小微企业就业的毕业生在工作三年后的薪资涨幅最大，具有较大的发展潜力。

关键词： 教育回报　薪资涨幅　地区收入差异　行业薪资水平

一　总体收入分析

2021届毕业生薪资水平有所提升。从近五年的数据来看，除2020届受疫情影响保持基本稳定外，高职毕业生月收入[①]持续上升，2021届达到4505元，相比2017届增长16.7%（剔除通货膨胀影响后增长7.4%）（见图4-1）。从不同院校类型来看，近五年"双高"院校、其他高职院校毕业生毕业半年后月收入持续提升，2021届分别达到4751元、4465元（见图4-2）。

---

① **月收入：** 指工资、奖金、业绩提成、现金福利补贴等所有的月度现金收入。

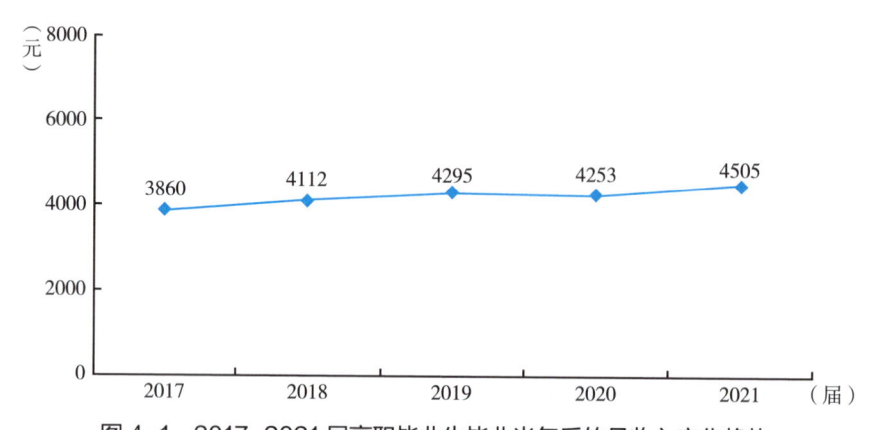

图 4-1　2017~2021 届高职毕业生毕业半年后的月收入变化趋势

资料来源：麦可思－中国 2017~2021 届大学毕业生培养质量跟踪评价。

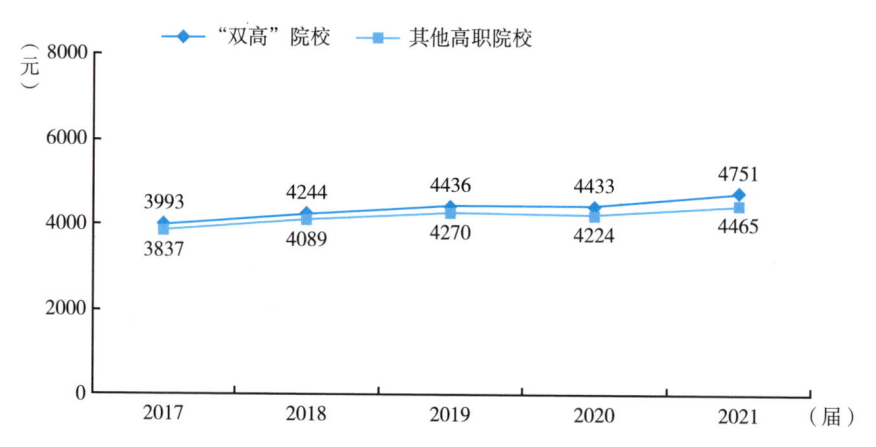

图 4-2　2017~2021 届各类高职院校毕业生毕业半年后的月收入变化趋势

资料来源：麦可思－中国 2017~2021 届大学毕业生培养质量跟踪评价。

教育回报在毕业若干年后进一步显现。从毕业生工作三年后和工作五年后[①]的薪资水平来看，工作三年后的月收入达到 6905 元，与自身毕业时

---

① 工作三年和工作五年月收入：分别指的是 2018 届大学生毕业三年后和 2016 届大学生毕业五年后的月收入。
三年后月收入涨幅 =（毕业三年后的月收入 – 毕业半年后的月收入）/ 毕业半年后的月收入。
五年后月收入涨幅 =（毕业五年后的月收入 – 毕业半年后的月收入）/ 毕业半年后的月收入。

（4112元）相比涨幅达68%；工作五年后的月收入进一步提升至8077元，与自身毕业时（3599元）相比涨幅达到124%。

从不同院校类型来看，"双高"院校和其他高职院校毕业生工作三年后的月收入分别为7205元、6856元，与自身毕业时相比涨幅分别为70%、68%；工作五年后涨幅分别达到125%、124%（见图4-3、图4-4）。

图 4-3 2018届高职毕业生毕业三年后的月收入（与2018届毕业半年后对比）

资料来源：麦可思－中国2018届大学毕业生三年后职业发展跟踪评价，2018届大学毕业生培养质量跟踪评价。

图 4-4 2016届高职毕业生毕业五年后的月收入（与2016届毕业半年后对比）

资料来源：麦可思－中国2016届大学毕业生五年后职业发展跟踪评价，2016届大学毕业生培养质量跟踪评价。

二 各专业收入分析

交通运输大类、装备制造大类、能源动力与材料大类、电子信息大类、生物与化工大类月收入持续位列前五。从各专业大类毕业生毕业半年后的月收入来看，2021届交通运输大类月收入（5067元）最高，其后是装备制造大类、能源动力与材料大类、电子信息大类、生物与化工大类（分别为5021元、4836元、4816元、4788元）。其中，农林牧渔大类、装备制造大类月收入增长较为明显，相比2019届分别增长了9.1%、8.3%；交通运输大类专业月收入虽连续三年最高，但涨幅较小，与2019届（5043元）基本持平（见表4-1）。

从2018届毕业三年后的月收入来看，电子信息大类、交通运输大类、装备制造大类保持较高水平。此外，土木建筑大类增长幅度明显，毕业三年后月收入（7297元）排在第四，与自身毕业时相比涨幅（81%）高于其他专业大类（见表4-2）。

表4-1 2019~2021届高职各专业大类毕业生毕业半年后的月收入

单位：元

高职专业大类名称	2021届	2020届	2019届
交通运输大类	5067	4938	5043
装备制造大类	5021	4691	4637
能源动力与材料大类	4836	4571	4551
电子信息大类	4816	4585	4642
生物与化工大类	4788	4484	4446
资源环境与安全大类	4578	4281	4358
新闻传播大类	4569	4381	4320
农林牧渔大类	4533	4235	4154
土木建筑大类	4504	4233	4239
财经商贸大类	4478	4199	4170
文化艺术大类	4386	4155	4242
旅游大类	4365	4121	4163

高职毕业生收入分析

续表

高职专业大类名称	2021 届	2020 届	2019 届
食品药品与粮食大类	4284	4069	4057
公共管理与服务大类	4088	4006	4074
教育与体育大类	3889	3813	3858
医药卫生大类	3820	3687	3803
全国高职	4505	4253	4295

注：个别专业大类因为样本较少，没有包括在内。
资料来源：麦可思－中国2019~2021届大学毕业生培养质量跟踪评价。

表4-2 2018届高职各专业大类毕业生毕业三年后的月收入与涨幅

单位：元，%

高职专业大类名称	毕业三年后的月收入	毕业半年后的月收入	月收入涨幅
电子信息大类	7802	4474	74
交通运输大类	7603	4691	62
装备制造大类	7444	4436	68
土木建筑大类	7297	4038	81
文化艺术大类	7090	4139	71
资源环境与安全大类	6950	4165	67
能源动力与材料大类	6914	4320	60
农林牧渔大类	6760	3998	69
生物与化工大类	6751	4175	62
财经商贸大类	6720	4005	68
医药卫生大类	6168	3649	69
旅游大类	6141	4024	53
食品药品与粮食大类	6069	3763	61
教育与体育大类	5730	3621	58
全国高职	6905	4112	68

注：个别专业大类因为样本较少，没有包括在内。
资料来源：麦可思－中国2018届大学毕业生三年后职业发展跟踪评价，2018届大学毕业生培养质量跟踪评价。

铁道运输类专业月收入持续较高，自动化类专业月收入上升最为明显。从主要专业类毕业半年后的月收入来看，铁道运输类专业连续两年保持第一，2021届月收入达到5280元；航空运输类、机电设备类、机械设计制造类专业月收入分别排在第二至第四位，均超过5000元，分别达到5173元、5085元、5069元（见表4-3）。另外，自动化类专业月收入增长明显，从2019届的4449元增长至2021届的4902元，增长幅度达10.2%。需要注意的是，计算机类专业月收入呈现负增长，2021届相比2019届下降了2.5%，这与互联网产业的岗位结构优化、招聘门槛提高有关（见表4-4、表4-5）。

表4-3 2019~2021届高职主要专业类毕业生毕业半年后的月收入

单位：元

高职专业类名称	2021届	2020届	2019届
铁道运输类	5280	5149	5109
航空运输类	5173	4993	5114
机电设备类	5085	4753	4762
机械设计制造类	5069	4788	4707
化工技术类	4907	4717	4673
自动化类	4902	4525	4449
通信类	4902	4526	4474
市场营销类	4833	4532	4613
电子信息类	4807	4587	4657
电力技术类	4761	4535	4584
计算机类	4759	4770	4883
城市轨道交通类	4756	4555	4494
电子商务类	4733	4513	4490
道路运输类	4722	4525	4520
水上运输类	4714	4603	4763
物流类	4705	4450	4381
船舶与海洋工程装备类	4686	4474	4442
表演艺术类	4664	4611	4584
汽车制造类	4638	4391	4406
工商管理类	4621	4327	4403
环境保护类	4590	4320	4289
土建施工类	4580	4248	4256

高职毕业生收入分析

续表

高职专业类名称	2021届	2020届	2019届
经济贸易类	4572	4290	4224
建筑设备类	4565	4315	4276
畜牧业类	4537	4272	4168
广播影视类	4512	4288	4347
市政工程类	4493	4292	4352
测绘地理信息类	4466	4392	4460
金融类	4464	4238	4277
建设工程管理类	4426	4230	4157
餐饮类	4385	4151	4201
语言类	4380	4353	4419
林业类	4376	4130	4194
艺术设计类	4363	4141	4229
旅游类	4348	4062	4163
食品药品管理类	4316	4193	4167
药品制造类	4272	4097	4004
食品工业类	4259	3900	3939
农业类	4169	3860	3830
房地产类	4167	3980	4044
财务会计类	4123	3853	3828
医学技术类	4097	4035	3978
公共管理类	4091	4016	4029
药学类	4082	3817	3741
公共事业类	4028	3885	3976
建筑设计类	4007	3846	3764
康复治疗类	3974	3945	4055
护理类	3854	3765	3918
教育类	3587	3450	3466
临床医学类	3515	3258	3393
全国高职	4505	4253	4295

注：个别专业类因为样本较少，没有包括在内。

资料来源：麦可思－中国2019~2021届大学毕业生培养质量跟踪评价。

051

表4-4 2021届高职毕业生毕业半年后月收入增长最快的前十位专业类（与2019届对比）

单位：%，元

高职专业类名称	增长率	2021届	2019届
自动化类	10.2	4902	4449
通信类	9.6	4902	4474
药学类	9.1	4082	3741
畜牧业类	8.9	4537	4168
农业类	8.9	4169	3830
经济贸易类	8.2	4572	4224
食品工业类	8.1	4259	3939
财务会计类	7.7	4123	3828
机械设计制造类	7.7	5069	4707
土建施工类	7.6	4580	4256
全国高职	4.9	4505	4295

注：毕业生规模过小的专业类不包括在此排序中。

资料来源：麦可思－中国2019届、2021届大学毕业生培养质量跟踪评价。

表4-5 2021届高职毕业生毕业半年后月收入增长最慢的前十位专业类（与2019届对比）

单位：%，元

高职专业类名称	增长率	2021届	2019届
计算机类	-2.5	4759	4883
康复治疗类	-2.0	3974	4055
护理类	-1.6	3854	3918
水上运输类	-1.0	4714	4763
语言类	-0.9	4380	4419
测绘地理信息类	0.1	4466	4460
航空运输类	1.2	5173	5114
公共事业类	1.3	4028	3976
公共管理类	1.5	4091	4029
表演艺术类	1.7	4664	4584
全国高职	4.9	4505	4295

注：毕业生规模过小的专业类不包括在此排序中。

资料来源：麦可思－中国2019届、2021届大学毕业生培养质量跟踪评价。

高职毕业生收入分析

毕业三年后铁道运输类、计算机类专业月收入优势明显，土建施工类、建筑设计类专业月收入涨幅明显。从主要专业类毕业三年后的月收入来看，铁道运输类、计算机类月收入排前两位，月收入均在 8000 元左右。另外从薪资增长来看，土建施工类毕业三年后月收入相比半年后涨幅（89%）最高，其次是建筑设计类（87%）（见表 4-6）。

表 4-6　2018 届高职主要专业类毕业生毕业三年后的月收入与涨幅

单位：元，%

高职专业类名称	毕业三年后的月收入	毕业半年后的月收入	月收入涨幅
铁道运输类	8040	4902	64
计算机类	7964	4609	73
电子信息类	7715	4373	76
土建施工类	7645	4045	89
市场营销类	7543	4412	71
机械设计制造类	7477	4506	66
电子商务类	7370	4378	68
道路运输类	7330	4211	74
自动化类	7237	4289	69
通信类	7221	4146	74
汽车制造类	7123	4285	66
建设工程管理类	7098	4005	77
工商管理类	7070	4198	68
艺术设计类	7061	4126	71
机电设备类	7028	4404	60
电力技术类	7020	4345	62
测绘地理信息类	7006	4304	63
建筑设备类	6975	4083	71
城市轨道交通类	6905	4146	67
经济贸易类	6902	4021	72
建筑设计类	6809	3635	87
畜牧业类	6780	4018	69

续表

高职专业类名称	毕业三年后的月收入	毕业半年后的月收入	月收入涨幅
化工技术类	6746	4292	57
物流类	6680	4198	59
广播影视类	6662	4087	63
金融类	6571	4139	59
药品制造类	6436	3702	74
农业类	6292	3603	75
护理类	6276	3761	67
语言类	6257	4027	55
医学技术类	6249	3836	63
旅游类	5984	4025	49
财务会计类	5846	3685	59
食品工业类	5818	3831	52
药学类	5744	3519	63
临床医学类	5614	3245	73
教育类	5024	3239	55
全国高职	6905	4112	68

注：个别专业类因为样本较少，没有包括在内。
资料来源：麦可思－中国 2018 届大学毕业生三年后职业发展跟踪评价，2018 届大学毕业生培养质量跟踪评价。

高职专业月收入 50 强排行榜中，交通运输大类专业占比最高（约三成），且以铁道运输类专业为主；排在前五位的专业分别为铁道工程技术、动车组检修技术、铁道机车、铁道交通运营管理、高速铁道工程技术，均为铁道运输类专业（见表 4-7）。

表 4-7　2021 届高职毕业生毕业半年后月收入排前 50 位的主要专业

单位：元

高职专业名称	月收入
铁道工程技术	5761
动车组检修技术	5684

续表

高职专业名称	月收入
铁道机车	5626
铁道交通运营管理	5486
高速铁道工程技术	5461
空中乘务	5375
铁道供电技术	5313
社会体育	5296
石油化工技术	5212
民航运输	5205
软件技术	5131
机械制造与自动化	5125
焊接技术与自动化	5049
数控设备应用与维护	5020
云计算技术与应用	5005
工业机器人技术	4989
数控技术	4987
城市轨道交通工程技术	4985
应用化工技术	4982
城市轨道交通机电技术	4956
道路桥梁工程技术	4955
发电厂及电力系统	4953
通信技术	4933
模具设计与制造	4913
机械设计与制造	4903
机电设备维修与管理	4896
机电一体化技术	4896
汽车营销与服务	4896
移动应用开发	4892
大数据技术与应用	4874
电气自动化技术	4873
电子信息工程技术	4872

续表

高职专业名称	月收入
信息安全与管理	4871
舞蹈表演	4835
市场营销	4825
物联网应用技术	4815
工程机械运用技术	4809
城市轨道交通车辆技术	4804
移动互联应用技术	4793
轮机工程技术	4786
医学美容技术	4776
工业过程自动化技术	4760
计算机网络技术	4756
计算机信息管理	4748
建筑智能化工程技术	4732
畜牧兽医	4725
建设工程管理	4722
新能源汽车技术	4704
商务日语	4700
应用电子技术	4698
全国高职	4505

注：毕业生规模过小的专业不包括在此排序中。
资料来源：麦可思－中国2021届大学毕业生培养质量跟踪评价。

三 就业地收入分析

不同就业区域的薪资水平差异明显。泛长三角、泛珠三角地区整体经济水平较高，在产业发展与优化升级中处于领跑地位，应届高职毕业生在泛长三角和泛珠三角地区的月收入优势明显，2021届月收入分别为4984元、4748元。另外从2018届毕业生毕业三年后在各经济区域就业的月收入来看，泛长三角、泛珠三角地区依然保持领先，月收入分别达到7549元、7354元；与毕业时相比，陕甘宁青地区月收入涨幅最大，达到77%（见表4-8、表4-9）。

高职毕业生收入分析

表 4-8 2019~2021 届高职毕业生毕业半年后在各经济区域就业的月收入变化

单位：元

经济区域	2021届	2020届	2019届
泛长江三角洲区域	4984	4728	4770
泛珠江三角洲区域	4748	4503	4535
西部生态区域	4623	4410	4359
泛渤海湾区域	4609	4365	4355
西南区域	4157	3902	3971
中部区域	4071	3852	3919
陕甘宁青区域	4025	3724	3750
东北区域	4011	3751	3729
全国高职	4505	4253	4295

资料来源：麦可思-中国2019~2021届大学毕业生培养质量跟踪评价。

表 4-9 2018 届高职毕业生毕业三年后在各经济区域就业的月收入与涨幅

单位：元，%

经济区域	毕业三年后的月收入	毕业半年后的月收入	月收入涨幅
泛长江三角洲区域	7549	4476	69
泛珠江三角洲区域	7354	4392	67
西南区域	6669	3858	73
泛渤海湾区域	6641	4150	60
陕甘宁青区域	6392	3602	77
中部区域	6273	3770	66
东北区域	6047	3626	67
全国高职	6905	4112	68

注：西部生态区域因为样本较少，没有包括在内。

资料来源：麦可思-中国2018届大学毕业生三年后职业发展跟踪评价，2018届大学毕业生培养质量跟踪评价。

新一线城市薪资增长更快。从近五年应届高职毕业生在一线城市、新一线城市就业的月收入来看，2021届一线城市月收入为5638元，新一线城市月收入为4752元，相比2017届分别增长了17.0%、20.0%（见图4-5）。

另外，从2018届毕业三年后的月收入来看，一线城市、新一线城市的月收入分别达到8799元、7176元，均高于全国高职平均水平（6905元）（见图4-6）。随着新一线城市不断培育和发展自身的优势产业，其薪资水平也将进一步提升。

图 4-5　2017~2021届高职毕业生毕业半年后在一线城市、新一线城市就业的月收入变化趋势

资料来源：麦可思-中国2017~2021届大学毕业生培养质量跟踪评价。

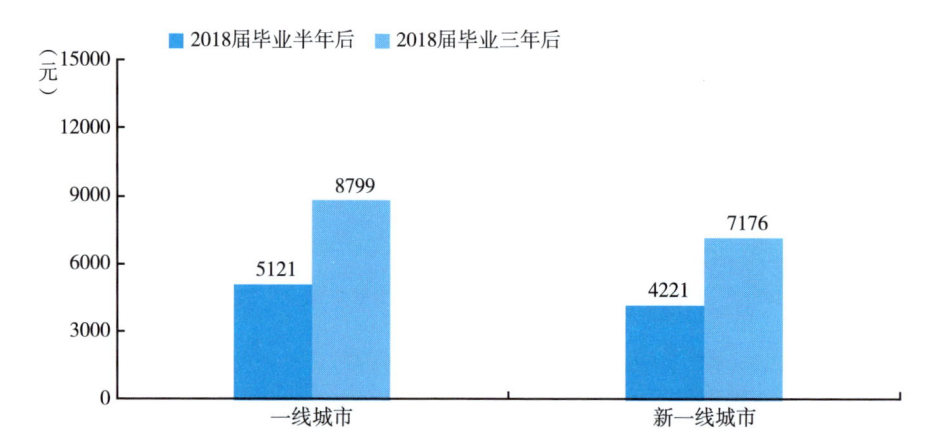

图 4-6　2018届高职毕业生毕业三年后在一线城市、新一线城市就业的月收入

资料来源：麦可思-中国2018届大学毕业生三年后职业发展跟踪评价，2018届大学毕业生培养质量跟踪评价。

四　行业、职业收入分析

运输业月收入持续排在第一，2021届达到5520元，领先第二位较多；其次是信息传输、软件和信息技术服务业，2021届月收入达到5023元，较疫情初期有所回升（见表4-10）。

表4-10　2019~2021届高职毕业生毕业半年后在主要行业类的月收入

单位：元

高职行业类名称	2021届	2020届	2019届
运输业	5520	5408	5458
信息传输、软件和信息技术服务业	5023	4818	4996
电子电气设备制造业（含计算机、通信、家电等）	4982	4707	4710
机械设备制造业	4912	4567	4488
初级金属制造业	4860	4502	4472
交通运输设备制造业	4811	4587	4565
化学品、化工、塑胶制造业	4807	4472	4392
电力、热力、燃气及水生产和供应业	4807	4530	4587
邮递、物流及仓储业	4775	4535	4451
金融业	4731	4583	4601
其他制造业	4663	4478	4424
文化、体育和娱乐业	4651	4444	4551
采矿业	4587	4298	4204
批发业	4554	4396	4364
零售业	4524	4315	4336
农、林、牧、渔业	4497	4219	4140
医药及设备制造业	4495	4376	4359
家具制造业	4468	4336	4313
房地产开发及租赁业	4449	4391	4427
纺织、服装、皮革制造业	4432	4151	4099
建筑业	4360	4049	4039
食品、烟草、加工业	4332	4151	4108

续表

高职行业类名称	2021届	2020届	2019届
行政、商业和环境保护辅助业	4331	4073	4056
玻璃黏土、石灰水泥制品业	4319	4047	4055
居民服务、修理和其他服务业	4267	3987	4034
各类专业设计与咨询服务业	4241	3995	4068
住宿和餐饮业	4238	3966	3997
政府及公共管理	3861	3726	3796
医疗和社会护理服务业	3768	3579	3718
教育业	3690	3669	3683
全国高职	4505	4253	4295

注：个别行业类因为样本较少，没有包括在内。

资料来源：麦可思－中国2019~2021届大学毕业生培养质量跟踪评价。

从月收入增长最快和最慢的五大行业类来看，机械、化工、采矿等领域月收入增长明显，与2019届相比月收入增长率分别为9.4%、9.4%、9.1%；教育业薪资增长较为缓慢，2021届与2019届相比增长0.2%（见表4-11、表4-12）。

表4-11 2021届高职毕业生毕业半年后月收入增长最快的前五位行业类（与2019届对比）

单位：%，元

高职行业类名称	增长率	2021届	2019届
机械设备制造业	9.4	4912	4488
化学品、化工、塑胶制造业	9.4	4807	4392
采矿业	9.1	4587	4204
初级金属制造业	8.7	4860	4472
农、林、牧、渔业	8.6	4497	4140
全国高职	4.9	4505	4295

注：毕业生规模过小的行业类不包括在此排序中。

资料来源：麦可思－中国2019届、2021届大学毕业生培养质量跟踪评价。

高职毕业生收入分析

表 4-12　2021 届高职毕业生毕业半年后月收入增长最慢的前五位行业类（与 2019 届对比）

单位：%，元

高职行业类名称	增长率	2021 届	2019 届
教育业	0.2	3690	3683
房地产开发及租赁业	0.5	4449	4427
信息传输、软件和信息技术服务业	0.5	5023	4996
运输业	1.1	5520	5458
医疗和社会护理服务业	1.3	3768	3718
全国高职	4.9	4505	4295

注：毕业生规模过小的行业类不包括在此排序中。
资料来源：麦可思－中国 2019 届、2021 届大学毕业生培养质量跟踪评价。

从 2018 届毕业三年后的月收入来看，排在前三位的依次是"信息传输、软件和信息技术服务业""文化、体育和娱乐业""金融业"，月收入分别为 8423 元、7858 元、7821 元。从月收入涨幅来看，"建筑业""文化、体育和娱乐业"与毕业半年后月收入相比涨幅较大，均达到或超过 80%（见表 4-13）。

表 4-13　2018 届高职毕业生毕业三年后在主要行业类的月收入与涨幅

单位：元，%

高职行业类名称	毕业三年后的月收入	毕业半年后的月收入	月收入涨幅
信息传输、软件和信息技术服务业	8423	4805	75
文化、体育和娱乐业	7858	4377	80
金融业	7821	4564	71
运输业	7692	4988	54
零售业	7119	4125	73
建筑业	7116	3847	85
批发业	7085	4113	72
电子电气设备制造业（含计算机、通信、家电等）	7080	4412	60
交通运输设备制造业	7080	4265	66
房地产开发及租赁业	7021	4419	59

续表

高职行业类名称	毕业三年后的月收入	毕业半年后的月收入	月收入涨幅
医药及设备制造业	6846	4067	68
各类专业设计与咨询服务业	6842	4033	70
农、林、牧、渔业	6693	3880	73
家具制造业	6683	4208	59
电力、热力、燃气及水生产和供应业	6673	4250	57
其他制造业	6672	4269	56
邮递、物流及仓储业	6627	4205	58
机械设备制造业	6619	4257	55
住宿和餐饮业	6498	3897	67
纺织、服装、皮革制造业	6337	3896	63
采矿业	6328	3909	62
食品、烟草、加工业	6254	3823	64
化学品、化工、塑胶制造业	6224	4019	55
居民服务、修理和其他服务业	6124	3914	56
医疗和社会护理服务业	6107	3594	70
初级金属制造业	6097	4111	48
行政、商业和环境保护辅助业	5985	3957	51
教育业	5616	3439	63
政府及公共管理	5215	3581	46
全国高职	6905	4112	68

注：个别行业类因为样本较少，没有包括在内。
资料来源：麦可思－中国2018届大学毕业生三年后职业发展跟踪评价，2018届大学毕业生培养质量跟踪评价。

月收入排名前十的行业中，航空、铁路运输领域保持领先。具体来看，2021届航空运输服务业、铁路运输业薪资水平（分别为6046元、6017元）均超过6000元；互联网相关领域薪资水平也较高，软件开发业、互联网运营与网络搜索引擎业薪资分列第三、第十位；另外，制造相关领域薪资水平也较高，其中铁路机车制造业的薪资相对突出，位列第四（见图4-7）。

高职毕业生收入分析

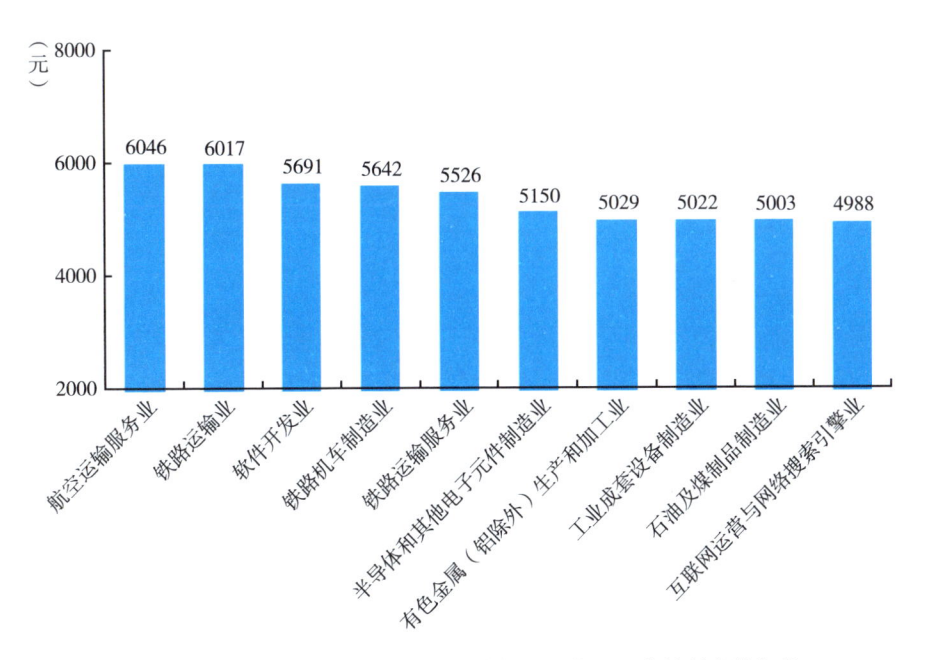

图4-7 2021届高职毕业生毕业半年后月收入最高的前十位行业

柱状图数据（单位：元）：
- 航空运输服务业：6046
- 铁路运输业：6017
- 软件开发业：5691
- 铁路机车制造业：5642
- 铁路运输服务业：5526
- 半导体和其他电子元件制造业：5150
- 有色金属（铝除外）生产和加工业：5029
- 工业成套设备制造业：5022
- 石油及煤制品制造业：5003
- 互联网运营与网络搜索引擎业：4988

注：毕业生规模过小的行业不包括在此排序中。
资料来源：麦可思-中国2021届大学毕业生培养质量跟踪评价。

航空机械/电子类职业月收入最高，农/林/牧/渔类职业月收入增长最快。从2021届毕业生毕业半年后从事的主要职业类月收入来看，航空机械/电子类职业月收入（5420元）位列第一；另外，农/林/牧/渔类职业月收入增长最快，2021届比2019届增长了10.1%；美容/健身、房地产经营类职业受疫情反弹或政策调控等因素影响，月收入呈现负增长，2021届比2019届分别下降了2.1%、1.3%（见表4-14、表4-15、表4-16）。

表4-14 2019~2021届高职毕业生毕业半年后从事的主要职业类的月收入

单位：元

高职职业类名称	2021届	2020届	2019届
航空机械/电子	5420	5206	5202
交通运输/邮电	5382	5247	5205

063

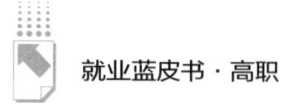

续表

高职职业类名称	2021届	2020届	2019届
经营管理	5259	5136	5186
计算机与数据处理	5082	4873	4974
矿山/石油	5064	4752	4667
互联网开发及应用	5062	4894	4969
电气/电子（不包括计算机）	5043	4749	4680
表演艺术/影视	5019	4732	4814
生产/运营	4943	4550	4621
机械/仪器仪表	4873	4522	4445
生物/化工	4820	4469	4403
房地产经营	4797	4708	4861
电力/能源	4742	4470	4431
美容/健身	4729	4675	4830
物流/采购	4716	4509	4432
媒体/出版	4716	4379	4443
金融（银行/基金/证券/期货/理财）	4686	4560	4666
保险	4635	4391	4487
销售	4596	4376	4493
工业安全与质量	4586	4407	4433
农/林/牧/渔类	4526	4203	4112
测绘	4505	4208	4171
建筑工程	4479	4213	4144
服装/纺织/皮革	4469	4156	4101
机动车机械/电子	4462	4204	4155
文化/体育	4460	4166	4307
职业/教育培训	4409	4284	4429
餐饮/娱乐	4352	4043	4150
环境保护	4307	4078	4032
人力资源	4288	4175	4175
美术/设计/创意	4180	3993	4143
行政/后勤	4091	3872	3835
公安/检察/法院/经济执法	4086	3957	3893
酒店/旅游/会展	4037	3966	3985

高职毕业生收入分析

续表

高职职业类名称	2021 届	2020 届	2019 届
财务/审计/税务/统计	3888	3793	3770
社区工作者	3869	3769	3758
中小学教育	3765	3644	3761
医疗保健/紧急救助	3744	3554	3709
幼儿与学前教育	3384	3293	3415
全国高职	4505	4253	4295

注：个别职业类因为样本较少，没有包括在内。
资料来源：麦可思－中国2019~2021届大学毕业生培养质量跟踪评价。

表 4-15　2021 届高职毕业生毕业半年后月收入增长最快的前十位职业类
（与 2019 届对比）

单位：%，元

高职职业类名称	增长率	2021 届	2019 届
农/林/牧/渔类	10.1	4526	4112
机械/仪器仪表	9.6	4873	4445
生物/化工	9.5	4820	4403
服装/纺织/皮革	9.0	4469	4101
矿山/石油	8.5	5064	4667
建筑工程	8.1	4479	4144
测绘	8.0	4505	4171
电气/电子（不包括计算机）	7.8	5043	4680
机动车机械/电子	7.4	4462	4155
电力/能源	7.0	4742	4431
全国高职	4.9	4505	4295

注：毕业生规模过小的职业类不包括在此排序中。
资料来源：麦可思－中国2019届、2021届大学毕业生培养质量跟踪评价。

表 4-16　2021 届高职毕业生毕业半年后月收入增长最慢的前十位职业类
（与 2019 届对比）

单位：%，元

高职职业类名称	增长率	2021 届	2019 届
美容/健身	-2.1	4729	4830
房地产经营	-1.3	4797	4861

065

续表

高职职业类名称	增长率	2021届	2019届
幼儿与学前教育	-0.9	3384	3415
职业/教育培训	-0.5	4409	4429
中小学教育	0.1	3765	3761
金融（银行/基金/证券/期货/理财）	0.4	4686	4666
美术/设计/创意	0.9	4180	4143
医疗保健/紧急救助	0.9	3744	3709
酒店/旅游/会展	1.3	4037	3985
经营管理	1.4	5259	5186
全国高职	4.9	4505	4295

注：毕业生规模过小的职业类不包括在此排序中。
资料来源：麦可思－中国2019届、2021届大学毕业生培养质量跟踪评价。

从2018届毕业生毕业三年后从事的主要职业类月收入来看，排在前三位的分别是互联网开发及应用、经营管理、计算机与数据处理，三年后月收入均达到或超过8400元。从薪资涨幅来看，美术/设计/创意类职业毕业三年后薪资涨幅（89%）最大（见表4-17）。

表4-17　2018届高职毕业生毕业三年后从事的主要职业类的月收入与涨幅

单位：元，%

高职职业类名称	毕业三年后的月收入	毕业半年后的月收入	月收入涨幅
互联网开发及应用	8880	4821	84
经营管理	8643	5126	69
计算机与数据处理	8400	4851	73
房地产经营	8027	4747	69
销售	7936	4388	81
金融（银行/基金/证券/期货/理财）	7569	4607	64
美术/设计/创意	7481	3968	89
建筑工程	7283	3978	83

高职毕业生收入分析

续表

高职职业类名称	毕业三年后的月收入	毕业半年后的月收入	月收入涨幅
交通运输/邮电	7183	4782	50
电气/电子（不包括计算机）	7013	4415	59
表演艺术/影视	6982	4512	55
生产/运营	6953	4473	55
媒体/出版	6945	4126	68
测绘	6902	3923	76
电力/能源	6888	4143	66
机械/仪器仪表	6716	4221	59
农/林/牧/渔类	6633	3889	71
生物/化工	6585	4086	61
餐饮/娱乐	6583	4022	64
机动车机械/电子	6579	3821	72
保险	6538	4180	56
工业安全与质量	6428	4110	56
职业/教育培训	6331	4256	49
环境保护	6298	3721	69
物流/采购	6229	4040	54
人力资源	6086	3915	55
医疗保健/紧急救助	5987	3454	73
酒店/旅游/会展	5940	3831	55
财务/审计/税务/统计	5753	3666	57
公安/检察/法院/经济执法	5591	3578	56
中小学教育	5014	3458	45
行政/后勤	5007	3646	37
幼儿与学前教育	4850	3220	51
社区工作者	4700	3694	27
全国高职	6905	4112	68

注：个别职业类因为样本较少，没有包括在内。

资料来源：麦可思－中国2018届大学毕业生三年后职业发展跟踪评价，2018届大学毕业生培养质量跟踪评价。

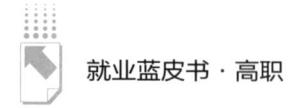

信息技术相关职业在月收入前 50 的职业中占了三席，包括互联网开发人员、计算机系统软件工程技术人员、计算机程序员，2021 届月收入分别为 5857 元、5763 元、5722 元（见表 4-18）。

表 4-18　2021 届高职毕业生毕业半年后月收入最高的前 50 位职业

单位：元

职业名称	毕业半年后的月收入
互联网开发人员	5857
计算机系统软件工程技术人员	5763
计算机程序员	5722
市场经理	5623
列车司机	5553
销售经理	5550
铁路闸、铁路信号和转辙器操作人员	5520
铁轨铺设及维护设备操作人员	5495
生产经营一线主管	5468
运营经理	5453
软件质量保证和测试工程技术人员	5423
化工厂系统操作人员	5380
材料工程技术人员	5373
人力资源经理	5354
计算机软件应用工程技术人员	5349
工业机器人系统操作人员	5340
信息安全分析人员	5338
网络设计人员	5245
健身教练和健身操指导员	5240
工业工程技术人员	5209
计算机技术支持人员	5179
电子工程技术人员	5101

续表

职业名称	毕业半年后的月收入
交通技术人员	5067
机械维护技术人员	5060
网上商家	5058
工业机械技术人员	5027
机械技术人员	5016
电气和电子运输设备安装者和修理技术人员	5004
仓储主管	4997
电气工程技术人员	4988
视听媒体技术人员	4986
半导体加工人员	4983
机械工程技术人员	4960
计算机硬件工程技术人员	4951
贷款顾问	4934
物业经理	4925
活动执行	4924
一线销售经理（零售）	4922
销售代表（批发和制造业，不包括科技类产品）	4918
计算机网络管理人员	4914
职业培训师	4913
舰艇建造技术人员	4905
机械装配技术人员	4881
电气技术人员	4881
安全和火警系统安装人员	4874
电子和电气设备装配技术人员	4869
机电技术人员	4869
体育教练	4863

续表

职业名称	毕业半年后的月收入
影视工程技术人员	4850
银行信贷员	4842
全国高职	4505

注：毕业生规模过小的职业不包括在此排序中。

资料来源：麦可思－中国2021届大学毕业生培养质量跟踪评价。

五 用人单位收入分析

三资企业、国有企业初始薪资水平较高；毕业三年后，民营企业/个体薪资涨幅最大。具体来看，2021届中外合资/外资/独资企业初始薪资水平为4983元，国有企业为4980元，相比2019届分别增长6.9%、4.6%（见图4-8）。

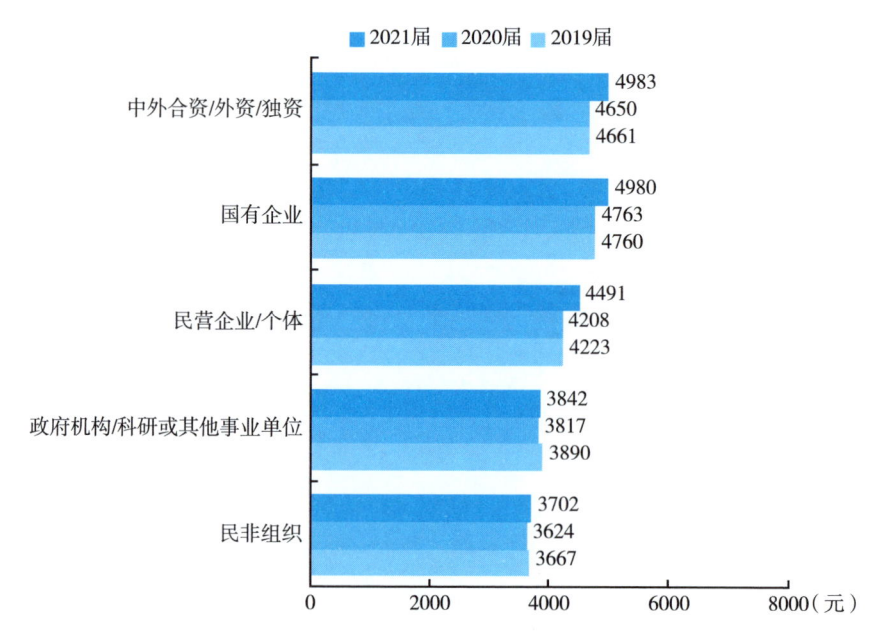

用人单位类型	2021届	2020届	2019届
中外合资/外资/独资	4983	4650	4661
国有企业	4980	4763	4760
民营企业/个体	4491	4208	4223
政府机构/科研或其他事业单位	3842	3817	3890
民非组织	3702	3624	3667

图4-8 2019~2021届高职毕业生毕业半年后在各类型用人单位的月收入

资料来源：麦可思－中国2019~2021届大学毕业生培养质量跟踪评价。

高职毕业生收入分析

毕业三年后，中外合资/外资/独资企业月收入（7261元）最高；民营企业/个体薪资涨幅（76%）最大，毕业三年后月收入（7156元）反超国有企业（7068元）（见图4-9）。民营企业/个体作为吸纳毕业生就业的主体，其月收入高增长的特点在毕业三年后得到了较为充分的体现。

图4-9 2018届高职毕业生毕业三年后在各类型用人单位的月收入

注：民非组织因为样本较少，没有包括在内。
资料来源：麦可思-中国2018届大学毕业生三年后职业发展跟踪评价，2018届大学毕业生培养质量跟踪评价。

规模越大的企业初始薪资水平越高；毕业三年后小企业薪资涨幅更为明显。具体来看，毕业半年后3000人以上规模用人单位的薪资水平最高，2021届达到5450元；50人及以下规模用人单位的薪资水平最低，2021届为4068元（见图4-10）。毕业三年后，50人及以下规模用人单位的薪资涨幅（74%）最大，其发展潜力得到了体现（见图4-11）。

071

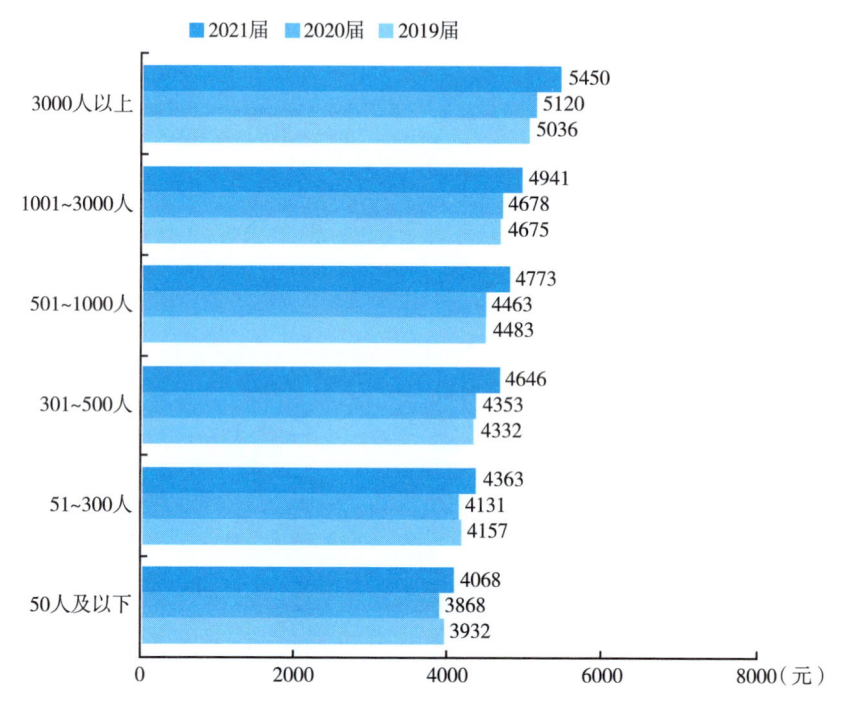

图 4-10　2019~2021 届高职毕业生毕业半年后在各规模用人单位的月收入

资料来源：麦可思－中国 2019~2021 届大学毕业生培养质量跟踪评价。

图 4-11　2018 届高职毕业生毕业三年后在各规模用人单位的月收入

资料来源：麦可思－中国 2018 届大学毕业生三年后职业发展跟踪评价，2018 届大学毕业生培养质量跟踪评价。

B.5
高职毕业生就业满意度分析

摘　要： 就业满意度是毕业生基于工作内容、工作环境、薪资收入、晋升空间等相关因素的主观认识和情感体验，是衡量就业质量的重要指标。新冠肺炎疫情突发以来，应届高职毕业生的就业满意度上升明显，政府及高校的就业服务对大学生就业起到了有效的帮扶作用，随着工作时间延长，毕业生就业满意度显著提升。其中，毕业初期生物与化工大类就业满意度位列第一，毕业三年后教育与体育大类、食品药品与粮食大类就业满意度并列首位。从不同就业领域来看，毕业初期在运输业就业满意度最高，毕业三年后在政府及公共管理领域就业满意度最高；制造业、房地产业、采矿业的就业满意度相对较低；另外，住宿和餐饮业受疫情影响较大，相关岗位毕业生就业满意度较低。

关键词： 就业质量　就业满意度　高职生

一　总体就业满意度

近两年高职毕业生的就业满意度[①]上升明显，2021届达到72%（见图5-1）。自疫情以来国家和地方发布了一系列关于"稳就业""保就业"的政策措施以促进毕业生更加充分更高质量就业，同时各高校持续改进就业指导与帮扶工

[①] **就业满意度：** 由就业的毕业生对自己目前的就业现状进行主观判断，选项有"很满意""满意""不满意""很不满意""无法评估"五项。其中，选择"满意"和"很满意"的人属于对就业现状满意，选择"不满意"和"很不满意"的人属于对就业现状不满意。

作（毕业生对母校就业指导服务的满意度由2017届的82%持续上升至2021届的90%，五年内上升了8个百分点）（见图10-13），助力毕业生就业。高质量的就业服务也促进了毕业生就业满意度的提升。

从不同院校类型来看，"双高"院校、其他高职院校毕业生的就业满意度均呈上升趋势，2021届分别达到74%、72%（见图5-2）。

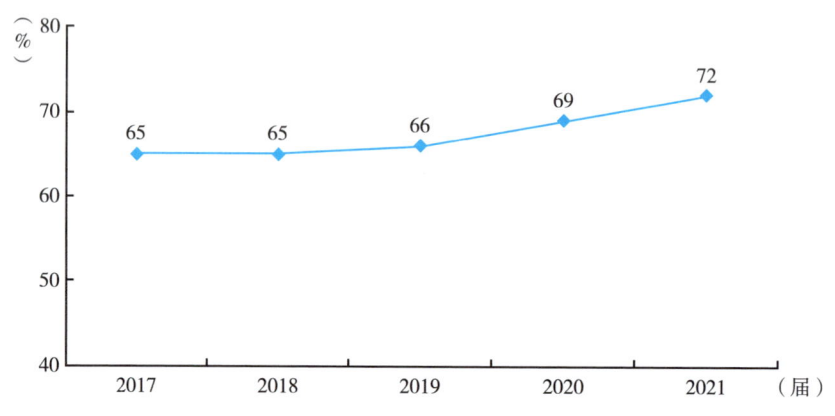

图5-1 2017~2021届高职毕业生毕业半年后的就业满意度变化趋势

资料来源：麦可思-中国2017~2021届大学毕业生培养质量跟踪评价。

图5-2 2017~2021届各类高职院校毕业生毕业半年后的就业满意度变化趋势

资料来源：麦可思-中国2017~2021届大学毕业生培养质量跟踪评价。

毕业生就业满意度随着工作时间延长而进一步提升。具体来看，2018届高职毕业生在毕业半年后的就业满意度为65%，毕业三年后上升了5个百分点，达到70%。从不同院校类型来看，"双高"院校毕业生毕业三年后的就业满意度（73%）相对较高，比半年后（67%）高了6个百分点；其他高职院校毕业生毕业三年后的就业满意度为69%，比半年后（65%）高了4个百分点（见图5-3）。

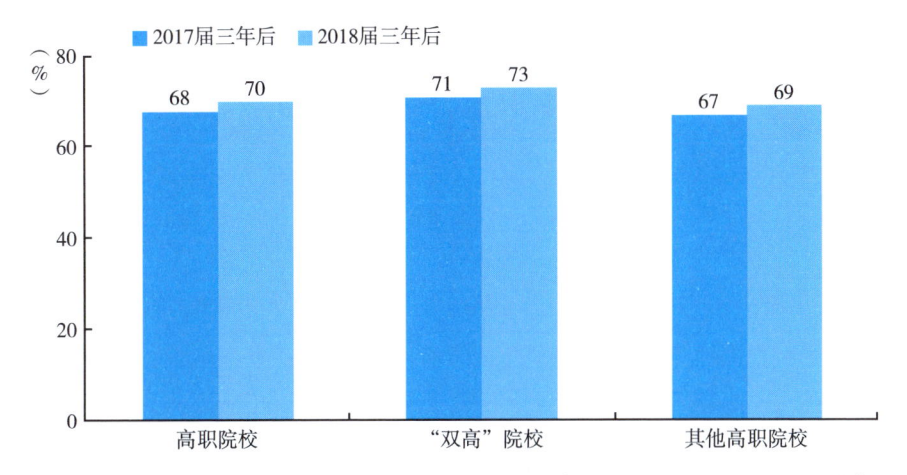

图5-3 2018届高职毕业生三年后的就业满意度（与2017届毕业三年后对比）

资料来源：麦可思-中国2017届、2018届大学毕业生三年后职业发展跟踪评价。

近两届毕业生因收入低而对就业现状不满意的比例保持稳定。从高职毕业生对就业现状不满意的原因来看，2021届有74%因收入低而对就业表示不满意，与2020届持平；有48%因发展空间不够而对就业表示不满意（见图5-4）。

二 各专业就业满意度

2021届各专业大类的就业满意度普遍有所提升，其中生物与化工大类就业满意度位列第一；毕业三年后，教育与体育大类、食品药品与粮食大类就业满意度并列首位。具体来看，生物与化工大类就业满意度持续上升，2021

就业蓝皮书·高职

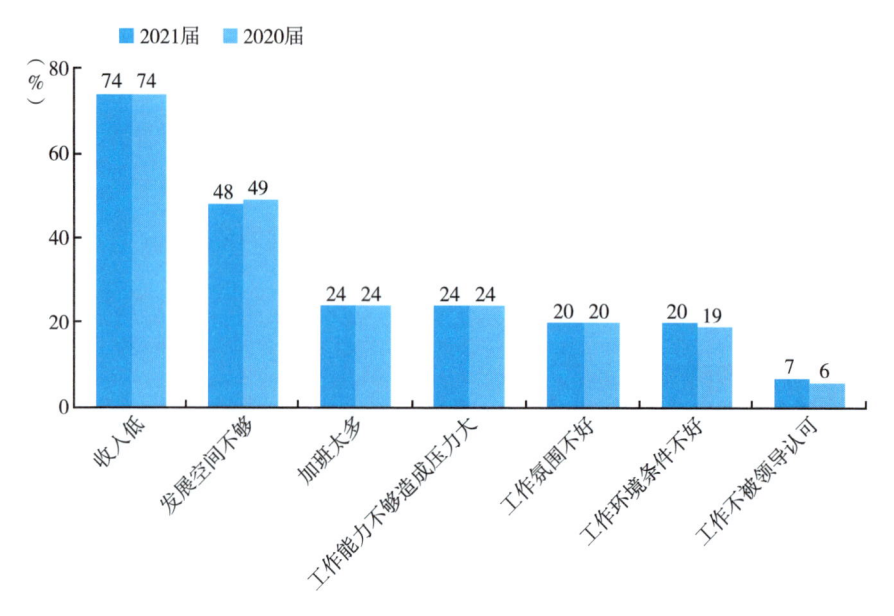

图 5-4　2020 届、2021 届高职毕业生对就业现状不满意的原因

资料来源：麦可思－中国 2020 届、2021 届大学毕业生培养质量跟踪评价。

届达到 75%；农林牧渔大类、交通运输大类就业满意度并列第二，均为 74%（见表 5-1）。毕业三年后，教育与体育大类、食品药品与粮食大类专业的就业满意度均达到 74%，在各专业大类中并列第一（见表 5-2）。

表 5-1　2019~2021 届高职各专业大类毕业生毕业半年后的就业满意度

单位：%

高职专业大类名称	2021 届	2020 届	2019 届
生物与化工大类	75	71	68
农林牧渔大类	74	73	70
交通运输大类	74	71	70
食品药品与粮食大类	73	70	68
能源动力与材料大类	73	70	66
旅游大类	73	69	67
教育与体育大类	72	70	68
文化艺术大类	72	69	67

高职毕业生就业满意度分析

续表

高职专业大类名称	2021届	2020届	2019届
土木建筑大类	72	69	66
财经商贸大类	72	69	66
装备制造大类	72	69	65
新闻传播大类	71	70	69
电子信息大类	71	67	65
资源环境与安全大类	70	67	65
公共管理与服务大类	70	67	64
医药卫生大类	68	67	66
全国高职	72	69	66

注：个别专业大类因为样本较少，没有包括在内。
资料来源：麦可思－中国2019~2021届大学毕业生培养质量跟踪评价。

表5-2　2017届、2018届高职各专业大类毕业生毕业三年后的就业满意度

单位：%

高职专业大类名称	2018届三年后	2017届三年后
教育与体育大类	74	74
食品药品与粮食大类	74	71
农林牧渔大类	73	70
文化艺术大类	72	69
旅游大类	71	72
财经商贸大类	71	70
土木建筑大类	70	66
交通运输大类	70	66
生物与化工大类	69	68
电子信息大类	69	67
医药卫生大类	69	67
装备制造大类	69	66
能源动力与材料大类	68	65
资源环境与安全大类	63	62
全国高职	70	68

注：个别专业大类因为样本较少，没有包括在内。
资料来源：麦可思－中国2017届、2018届大学毕业生三年后职业发展跟踪评价。

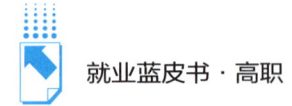

铁道运输类专业就业满意度排名普遍靠前。具体来看，铁道机车专业的就业满意度（84%）最高，铁道供电技术专业（83%）位列第二，铁道工程技术、动车组检修技术专业（均为79%）并列排在第三（见表5-3）。从毕业三年后的数据来看，教育类、畜牧业类专业就业满意度排名靠前，2018届分别为77%、76%（见表5-4）。

表5-3 2021届高职毕业生毕业半年后就业满意度排前30位的主要专业

单位：%

高职专业名称	就业满意度
铁道机车	84
铁道供电技术	83
铁道工程技术	79
动车组检修技术	79
铁道交通运营管理	78
口腔医学	77
国际贸易实务	77
园艺技术	76
畜牧兽医	76
电力系统自动化技术	76
动物医学	75
供用电技术	75
物业管理	75
食品营养与检测	75
城市轨道交通机电技术	75
信息安全与管理	75
药学	75
导游	75
社会体育	75
发电厂及电力系统	74
建筑经济管理	74
高速铁道工程技术	74

续表

高职专业名称	就业满意度
汽车运用与维修技术	74
空中乘务	74
国际经济与贸易	74
市场营销	74
室内艺术设计	74
建设工程管理	73
电气自动化技术	73
工业分析技术	73
全国高职	72

注：毕业生规模过小的专业不包括在此排序中。
资料来源：麦可思－中国2021届大学毕业生培养质量跟踪评价。

表5-4　2018届高职主要专业类毕业生毕业三年后的就业满意度

单位：%

高职专业类名称	就业满意度
教育类	77
畜牧业类	76
护理类	75
经济贸易类	75
语言类	75
医学技术类	75
药品制造类	73
铁道运输类	73
市场营销类	73
食品工业类	73
艺术设计类	73
旅游类	72
农业类	71
计算机类	71
电子商务类	71
财务会计类	71

续表

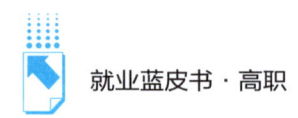

高职专业类名称	就业满意度
广播影视类	70
建设工程管理类	69
物流类	69
道路运输类	69
土建施工类	69
汽车制造类	69
城市轨道交通类	69
通信类	69
金融类	67
药学类	67
临床医学类	67
电子信息类	67
机械设计制造类	67
化工技术类	66
电力技术类	66
自动化类	66
工商管理类	65
建筑设计类	64
建筑设备类	63
机电设备类	62
测绘地理信息类	61
全国高职	70

注：个别专业类因为样本较少，没有包括在内。
资料来源：麦可思－中国 2018 届大学毕业生三年后职业发展跟踪评价。

三 地区就业满意度

泛渤海湾地区就业满意度持续位列榜首，泛长三角地区紧随其后。从不同地区的就业满意度来看，2021 届在泛渤海湾地区就业毕业生的就业满意度

（74%）最高，其次是泛长三角地区（73%）（见表5-5）。就业满意度基于毕业生对自己当前就业现状进行的主观判断，可能会受到地区经济发展水平、行业发展前景、工作环境及生活压力等诸多因素影响。

表5-5 2019~2021届高职毕业生毕业半年后在各经济区域就业的就业满意度变化趋势

单位：%

经济区域	2021届	2020届	2019届
泛渤海湾区域	74	71	68
泛长江三角洲区域	73	70	68
东北区域	72	69	67
泛珠江三角洲区域	72	69	66
西部生态区域	70	67	64
中部区域	69	68	65
陕甘宁青区域	68	64	61
西南区域	66	63	61
全国高职	72	69	66

资料来源：麦可思－中国2019~2021届大学毕业生培养质量跟踪评价。

近年来应届毕业生前往新一线城市的就业意愿不断增强（高职毕业生选择在新一线城市就业的比例从2017届的22%上升到2021届的24%），在一线城市、新一线城市就业群体的就业满意度较为接近。具体来看，2021届高职毕业生在新一线城市的就业满意度为72%，与一线城市（73%）基本持平，相比2017届（65%）上升了7个百分点（见图5-5）。新一线城市不断发展，就业环境持续完善，毕业生从业幸福感也相应增强。

四 行业、职业就业满意度

应届高职毕业生中，在运输业就业的满意度最高，在住宿和餐饮业就业的满意度最低；毕业三年后，在政府及公共管理机构就业的满意度最高，在初级金属制造业就业的满意度最低。具体来看，2021届在不同行业就业的高职毕业

081

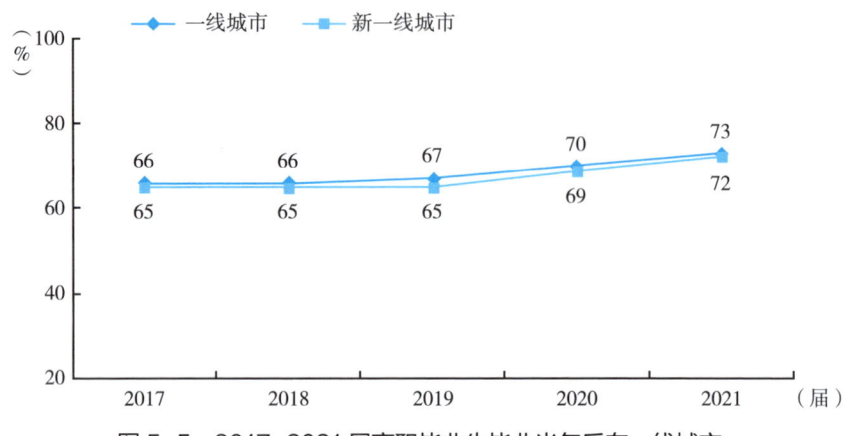

图 5-5 2017~2021 届高职毕业生毕业半年后在一线城市、新一线城市的就业满意度变化趋势

资料来源：麦可思-中国 2017~2021 届大学毕业生培养质量跟踪评价。

生中，运输业就业满意度（79%）最高；住宿和餐饮业（63%）最低，这也在一定程度上反映出疫情对相关领域的阶段性影响有所延续。毕业三年后，2018 届高职毕业生在政府及公共管理机构就业的满意度（74%）位列第一，在初级金属制造业就业的满意度（56%）最低（见图 5-6、图 5-7、图 5-8、图 5-9）。

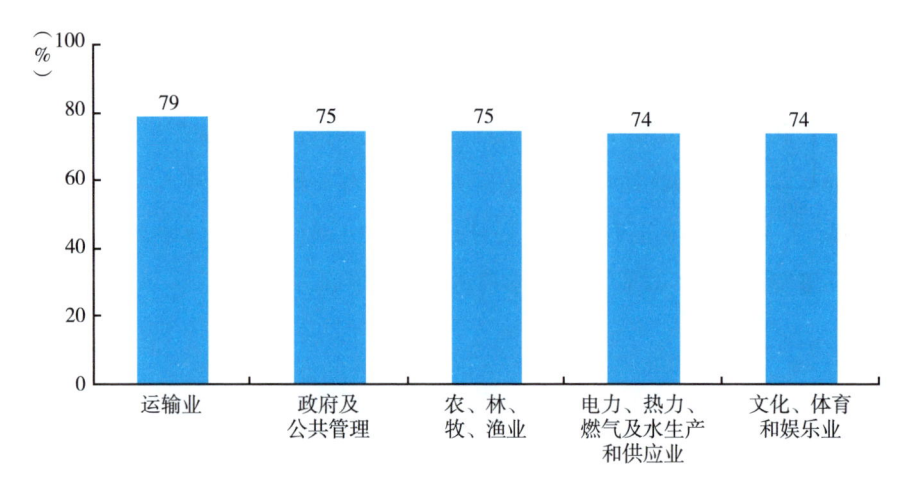

图 5-6 2021 届高职毕业生毕业半年后就业满意度最高的前五位行业类

注：毕业生规模过小的行业类不包括在此排序中。
资料来源：麦可思-中国 2021 届大学毕业生培养质量跟踪评价。

高职毕业生就业满意度分析

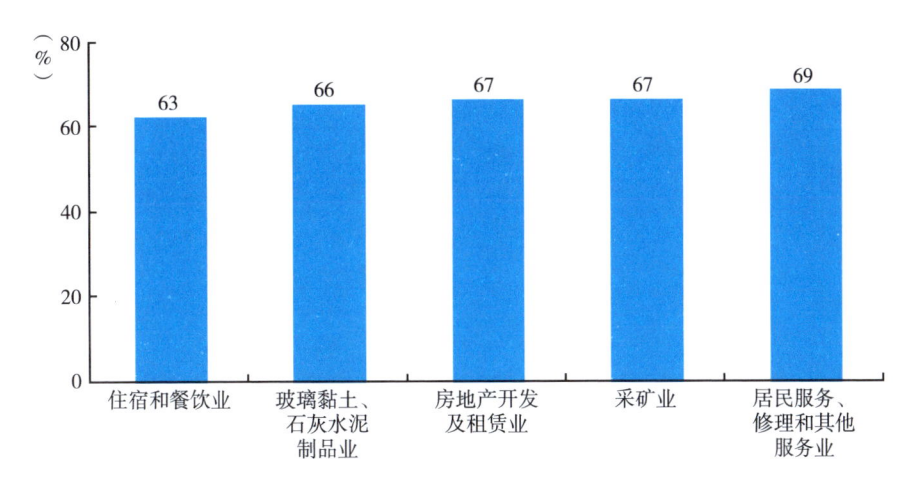

图 5-7　2021 届高职毕业生毕业半年后就业满意度最低的前五位行业类

注：毕业生规模过小的行业类不包括在此排序中。
资料来源：麦可思－中国 2021 届大学毕业生培养质量跟踪评价。

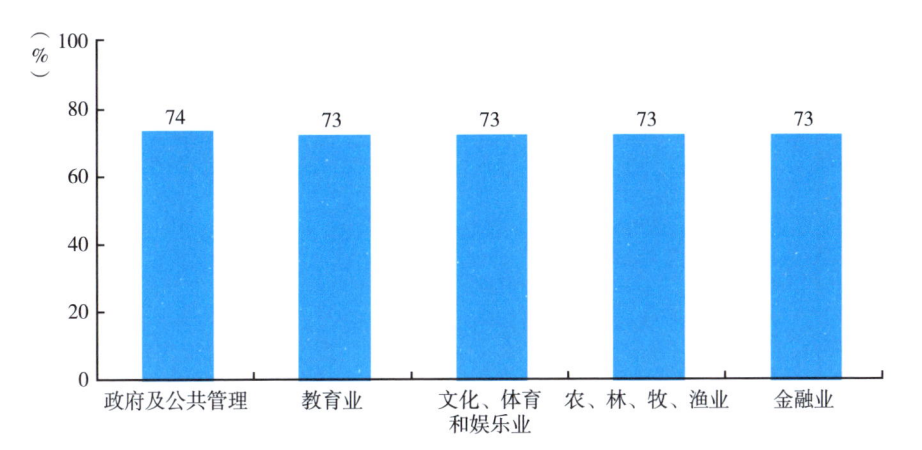

（住宿和餐饮业 63；玻璃黏土、石灰水泥制品业 66；房地产开发及租赁业 67；采矿业 67；居民服务、修理和其他服务业 69）

图 5-8　2018 届高职毕业生毕业三年后就业满意度最高的前五位行业类

注：毕业生规模过小的行业类不包括在此排序中。
资料来源：麦可思－中国 2018 届大学毕业生三年后职业发展跟踪评价。

（政府及公共管理 74；教育业 73；文化、体育和娱乐业 73；农、林、牧、渔业 73；金融业 73）

应届高职毕业生中，从事交通运输/邮电类职业的就业满意度最高；经营管理类职业在毕业初期和三年后就业满意度均较高。具体来看，2021 届从事交通运输/邮电类职业高职毕业生的就业满意度达到 81%，排在各职业类之首；经营管理类职业的就业满意度位列第二，达到 76%。毕业三年后，经

083

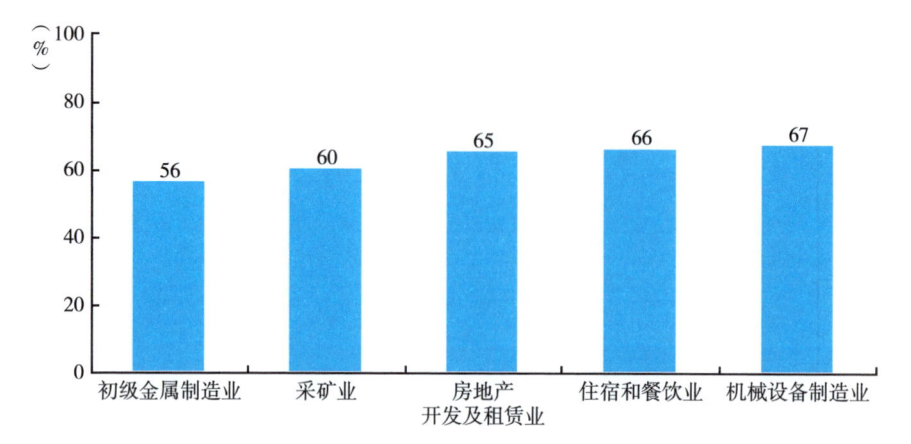

图 5-9 2018届高职毕业生毕业三年后就业满意度最低的前五位行业类

注：毕业生规模过小的行业类不包括在此排序中。
资料来源：麦可思-中国2018届大学毕业生三年后职业发展跟踪评价。

初级金属制造业 56，采矿业 60，房地产开发及租赁业 65，住宿和餐饮业 66，机械设备制造业 67。

营管理类职业就业满意度（81%）位列榜首，中小学教育、幼儿与学前教育类职业就业满意度均进入前五。餐饮/娱乐类职业就业满意度相对较低，在毕业半年后和三年后排名均靠后（见图5-10、图5-11、图5-12、图5-13）。

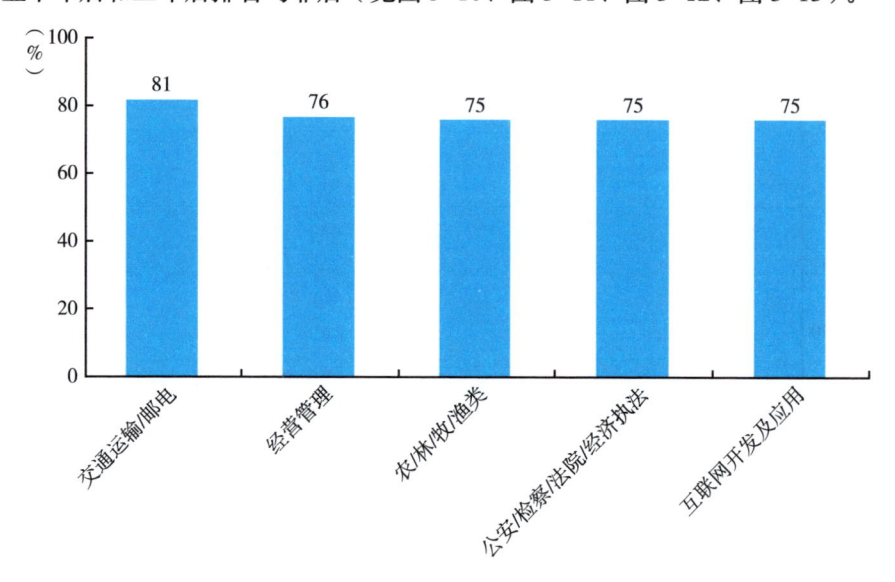

图 5-10 2021届高职毕业生毕业半年后就业满意度最高的前五位职业类

交通运输/邮电 81，经营管理 76，农/林/牧/渔类 75，公安/检察/法院/经济执法 75，互联网开发及应用 75。

注：毕业生规模过小的职业类不包括在此排序中。
资料来源：麦可思-中国2021届大学毕业生培养质量跟踪评价。

高职毕业生就业满意度分析

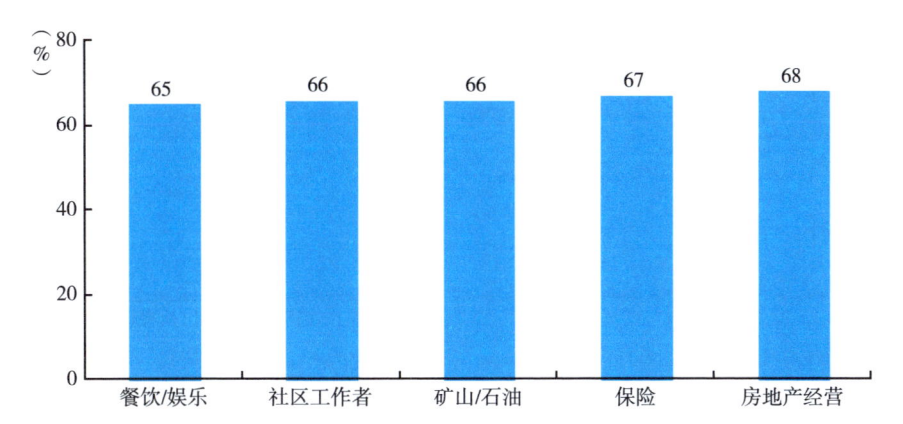

图 5-11　2021 届高职毕业生毕业半年后就业满意度最低的前五位职业类

职业类	满意度(%)
餐饮/娱乐	65
社区工作者	66
矿山/石油	66
保险	67
房地产经营	68

注：毕业生规模过小的职业类不包括在此排序中。
资料来源：麦可思-中国 2021 届大学毕业生培养质量跟踪评价。

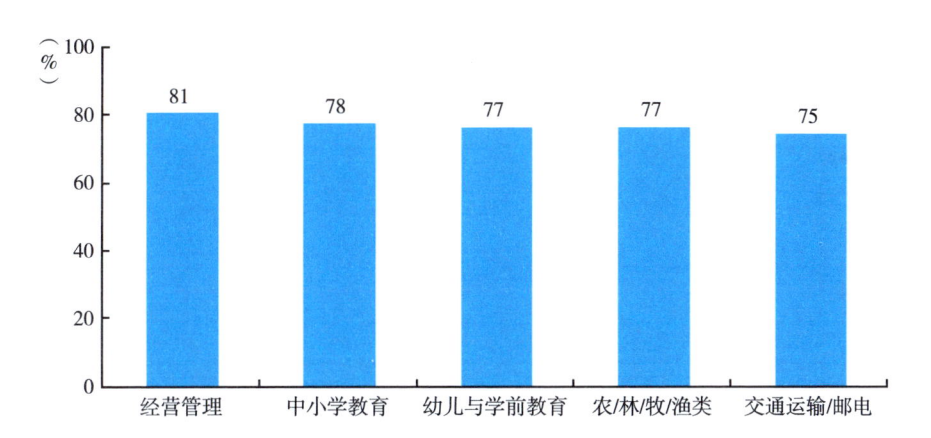

图 5-12　2018 届高职毕业生毕业三年后就业满意度最高的前五位职业类

职业类	满意度(%)
经营管理	81
中小学教育	78
幼儿与学前教育	77
农/林/牧/渔类	77
交通运输/邮电	75

注：毕业生规模过小的职业类不包括在此排序中。
资料来源：麦可思-中国 2018 届大学毕业生三年后职业发展跟踪评价。

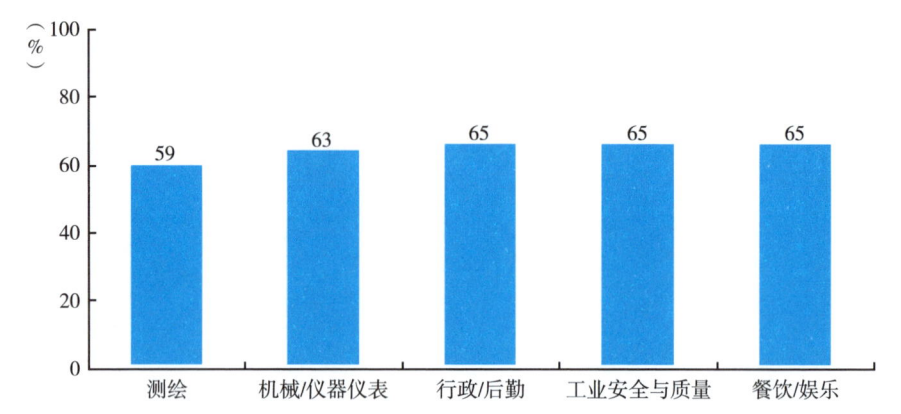

图 5-13　2018 届高职毕业生毕业三年后就业满意度最低的前五位职业类

注：毕业生规模过小的职业类不包括在此排序中。
资料来源：麦可思 - 中国 2018 届大学毕业生三年后职业发展跟踪评价。

五　在各类单位的就业满意度

政府机构/科研或其他事业单位的就业满意度最高，民营企业/个体就业满意度相对较低。从不同用人单位类型来看，高职毕业生毕业半年后、三年后在政府机构/科研或其他事业单位的就业满意度（分别为 76%、75%）均最高，在民营企业/个体的就业满意度（分别为 70%、68%）均相对较低（见图 5-14、图 5-15）。

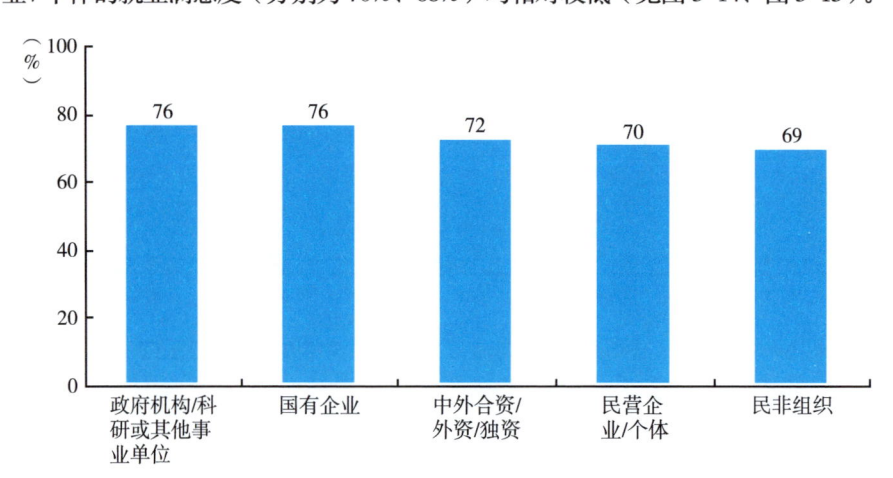

图 5-14　2021 届高职毕业生毕业半年后在各类型用人单位的就业满意度

资料来源：麦可思 - 中国 2021 届大学毕业生培养质量跟踪评价。

高职毕业生就业满意度分析

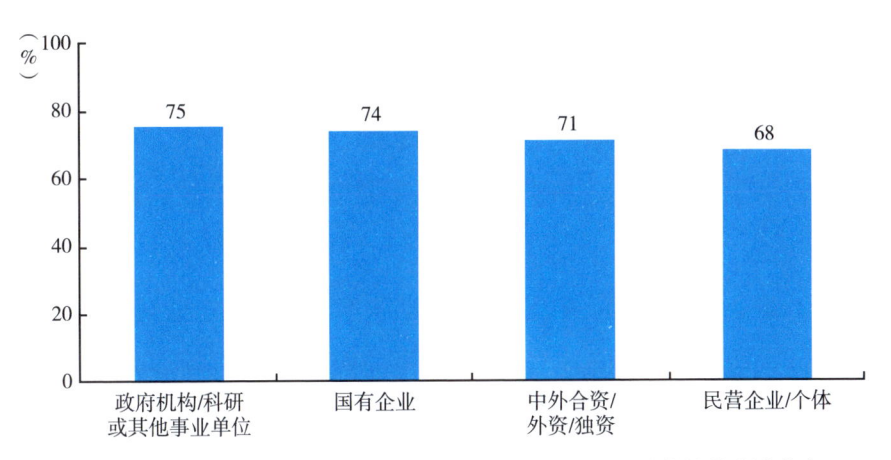

图 5-15　2018 届高职毕业生毕业三年后在各类型用人单位的就业满意度

用人单位类型	满意度(%)
政府机构/科研或其他事业单位	75
国有企业	74
中外合资/外资/独资	71
民营企业/个体	68

注：民非组织用人单位因为样本较少，没有包括在内。
资料来源：麦可思－中国 2018 届大学毕业生三年后职业发展跟踪评价。

B.6 高职毕业生职业发展分析

摘　要： 随着工作时间延长和经验积累，大学生跨过职场初期开始在工作中独当一面，职位晋升或跳槽转行都关系着未来职业发展。通过对就业初期及工作三年后毕业生职业发展情况的分析发现，应届高职毕业生从事专业相关工作的比例保持稳定；随着职位层级的提升以及个人职业发展规划的调整，毕业生毕业三年后工作更加多元化。不同岗位的晋升速度也与单位的性质、规模等有关，其中旅游、文化艺术大类毕业生的职位晋升更快。另外，毕业生职场忠诚度趋于稳定，离职率持稳。

关键词： 就业稳定性　职场忠诚度　职位晋升　高职生

一　从事本专业相关工作分析

（一）总体工作与专业相关度

工作与专业相关度[①]反映了专业人才培养与产业发展需求之间的匹配程度。高职毕业生从事专业相关工作的比例保持稳定，2019~2021届均为63%（见图6-1）。

随着毕业时间的延长，毕业生职位层级提升，工作内容相应变化，往往不再局限于本专业领域。具体来看，2018届高职毕业生毕业三年后工作与专业相关度为56%，比半年后（62%）低6个百分点（见图6-2）。

---

① 工作与专业相关度=受雇全职工作并且与专业相关的毕业生人数/受雇全职工作的毕业生人数。

高职毕业生职业发展分析

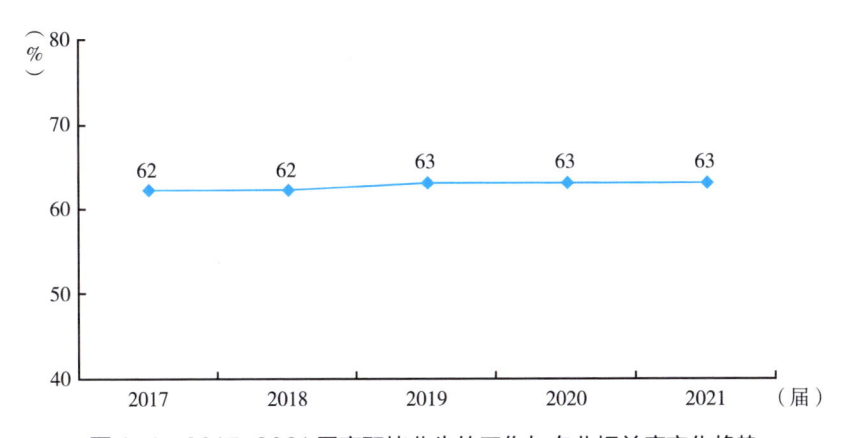

图 6-1　2017~2021 届高职毕业生的工作与专业相关度变化趋势

资料来源：麦可思 – 中国 2017~2021 届大学毕业生培养质量跟踪评价。

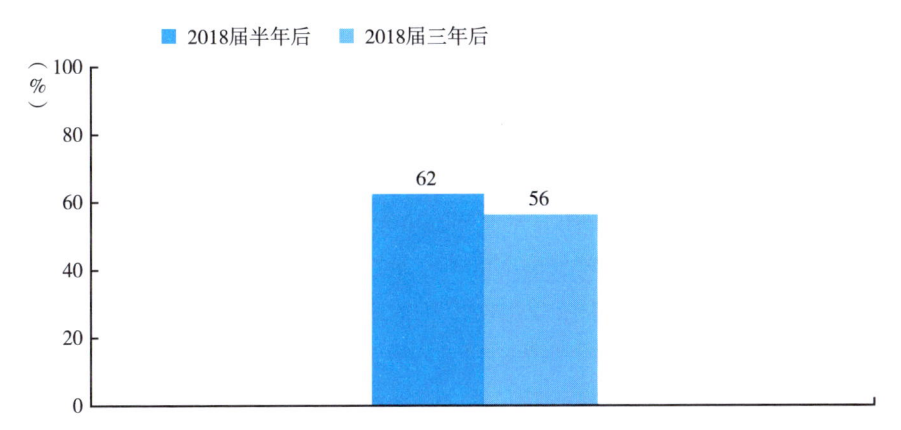

图 6-2　2018 届高职毕业生毕业三年后的工作与专业相关度（与 2018 届半年后对比）

资料来源：麦可思 – 中国 2018 届大学毕业生三年后职业发展跟踪评价，2018 届大学毕业生培养质量跟踪评价。

从 2021 届高职毕业生选择专业无关工作原因来看，表示迫于现实先就业再择业、专业工作不符合自身职业期待的比例（分别为 29%、26%）均低于 2020 届（分别为 30%、27%）；表示专业无关工作收入更高的比例（13%）较 2020 届（11%）上升了 2 个百分点，这在一定程度上说明毕业生择业过程中对收入因素的重视程度有所增加（见图 6-3）。

```
■ 2021届   ■ 2020届
```

原因	2021届	2020届
迫于现实先就业再择业	29	30
专业工作不符合自己的职业期待	26	27
达不到专业相关工作的要求	13	14
专业工作岗位招聘少	13	12
专业无关工作收入更高	13	11
专业工作的环境不好	6	6

图6-3　2020届、2021届高职毕业生选择与专业无关工作的主要原因

资料来源：麦可思-中国2020届、2021届大学毕业生培养质量跟踪评价。

（二）主要专业的工作与专业相关度

近三年应届高职毕业生中，医药卫生大类工作与专业相关度均保持第一；其次是土木建筑大类，其工作与专业相关度稳中有升；另外2021届旅游大类工作与专业相关度相比2020届有所回升，但仍低于其他专业大类。结合不同毕业年限来看，医药卫生大类工作与专业相关度在毕业生毕业半年后和毕业三年后均最高。

能源动力与材料大类、生物与化工大类、资源环境与安全大类、农林牧渔大类、装备制造大类近三届毕业生的工作与专业相关度均逐年提升，上述专业主要服务面向的领域自疫情以来受到的影响相对较小，且伴随着现代能源体系的构建、制造业优化升级的深入、乡村振兴战略的推进，毕业生在相关领域拥有越来越多的选择。

另外，疫情对旅游相关领域造成的影响依然有所延续。数据显示，2021届旅游大类毕业生毕业半年后工作与专业相关度（49%）虽较2020届（47%）有所回升，但仍低于2019届（52%），且低于其他专业大类；毕业三年后的工作与专业相关度（32%）也明显低于其他专业大类（见表6-1、表6-2）。

表 6-1　2019~2021 届高职各专业大类毕业生的工作与专业相关度

单位：%

高职专业大类名称	2021 届	2020 届	2019 届
医药卫生大类	84	85	89
土木建筑大类	75	75	73
能源动力与材料大类	72	71	70
生物与化工大类	71	69	67
教育与体育大类	70	71	73
资源环境与安全大类	68	64	62
食品药品与粮食大类	63	64	63
新闻传播大类	63	61	62
农林牧渔大类	63	61	59
文化艺术大类	60	61	64
交通运输大类	58	62	64
装备制造大类	56	54	52
公共管理与服务大类	54	57	54
财经商贸大类	54	54	53
电子信息大类	51	49	51
旅游大类	49	47	52
全国高职	63	63	63

注：个别专业大类因为样本较少，没有包括在内。
资料来源：麦可思 - 中国 2019~2021 届大学毕业生培养质量跟踪评价。

表 6-2　2017 届、2018 届高职各专业大类毕业生毕业三年后的工作与专业相关度变化

单位：%

高职专业大类名称	2018 届毕业三年后	2017 届毕业三年后
医药卫生大类	87	86
土木建筑大类	68	66
能源动力与材料大类	64	66
教育与体育大类	64	63
交通运输大类	64	61
资源环境与安全大类	55	55

续表

高职专业大类名称	2018 届毕业三年后	2017 届毕业三年后
生物与化工大类	54	55
文化艺术大类	53	54
食品药品与粮食大类	52	50
农林牧渔大类	51	50
电子信息大类	49	48
财经商贸大类	46	48
装备制造大类	46	44
旅游大类	32	34
全国高职	56	56

注：个别专业大类因为样本较少，没有包括在内。
资料来源：麦可思-中国2017届、2018届大学毕业生三年后职业发展跟踪评价。

具体到专业层面，工作与专业相关度排名前30位的专业多属于医药卫生大类，其后是教育与体育大类、交通运输大类等。其中，2021届工作与专业相关度前三位的专业依次是口腔医学专业（99%）、临床医学专业（92%）、铁道机车专业（91%），均在90%以上（见表6-3）。

表6-3 2021届高职毕业生工作与专业相关度排前30位的主要专业

单位：%

高职专业名称	工作与专业相关度
口腔医学	99
临床医学	92
铁道机车	91
眼视光技术	89
铁道工程技术	87
护理	87
针灸推拿	86
助产	86
医学检验技术	86
学前教育	85

续表

高职专业名称	工作与专业相关度
小学教育	85
语文教育	85
建筑工程技术	84
道路桥梁工程技术	84
体育教育	84
铁道供电技术	83
市政工程技术	82
高速铁道工程技术	82
康复治疗技术	81
电力系统自动化技术	80
工程造价	80
中医学	80
中药学	80
医学影像技术	80
英语教育	80
动物医学	79
药学	79
数学教育	79
畜牧兽医	78
建设工程管理	78
全国高职	63

注：毕业生规模过小的专业不包括在此排序中。
资料来源：麦可思－中国2021届大学毕业生培养质量跟踪评价。

（三）主要职业的工作与专业相关度

医疗相关职业的从业门槛较高，行政、后勤相关职业要求较低。在2021届高职毕业生工作与专业相关度要求最高的前20位职业中，医学相关职业较多，例如医学和临床实验室技术人员（99%）、放射技术人员（98%）、护士（97%）、医疗救护人员（97%）等，这些职业均对专业背景、专业能力要求高（见表6-4）。另外，在工作与专业相关度要求最低的前20位职业中，行政、后勤类的职业相对集中，例如人力资源经理（24%）、招聘专职人员（24%）、数据录入员（26%）、文员（28%）等（见表6-5）。

表6-4　2021届高职毕业生工作与专业相关度要求最高的前20位职业

单位：%

职业名称	工作与专业相关度
医学和临床实验室技术人员	99
放射技术人员	98
护士	97
医疗救护人员	97
航空乘务员	95
医生助理	95
理疗员	93
兽医	93
园林建筑技术人员	93
工程造价人员	92
铁轨铺设及维护设备操作人员	92
铁路闸、铁路信号和转辙器操作人员	91
建筑信息模型技术人员	91
幼儿教师	90
建筑技术人员	89
列车司机	88
建筑设计员（非园林和水上景观）	88
交通技术人员	88
食品检验人员	87
会计	87
全国高职	63

注：毕业生规模过小的职业不包括在此排序中。

资料来源：麦可思-中国2021届大学毕业生培养质量跟踪评价。

表 6-5　2021 届高职毕业生工作与专业相关度要求最低的前 20 位职业

单位：%

职业名称	工作与专业相关度
人力资源经理	24
招聘专职人员	24
贷款顾问	25
银行信贷员	25
手工包装人员	25
数据录入员	26
社会及社区服务经理	27
文员	28
房地产经纪人	29
面试专职人员	29
行政秘书和行政助理	30
公关专员	30
健身教练和健身操指导员	31
酬劳、福利和工作分析专职人员	32
行政服务经理	32
人力资源服务人员	32
餐饮服务主管	32
推销员	33
餐饮服务生	34
客服专员	34
全国高职	63

注：毕业生规模过小的职业不包括在此排序中。
资料来源：麦可思－中国 2021 届大学毕业生培养质量跟踪评价。

二 职位晋升情况

（一）总体职位晋升

高职毕业生职位晋升[①]比例保持稳定，"双高"院校毕业生晋升略呈优势。具体来看，2018届高职生毕业三年内有过晋升比例（59%）与2017届持平；"双高"院校毕业生获得职位晋升的比例（61%）比其他高职院校（59%）高2个百分点（见图6-4）。

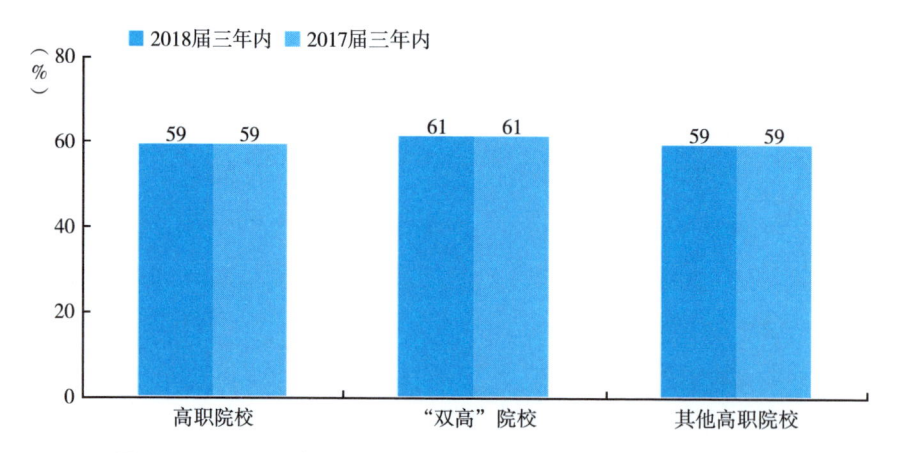

图6-4 2018届高职毕业生毕业三年内平均获得职位晋升的比例
（与2017届三年内对比）

资料来源：麦可思-中国2017届、2018届大学毕业生三年后职业发展跟踪评价。

2018届高职毕业生毕业三年内平均获得晋升的次数为1.0次，与2017届同期持平。从晋升频度来看，2018届毕业生毕业三年内有33%的人获得过1次晋升，17%的人获得过2次晋升，均与2017届持平（见图6-5、图6-6）。

[①] **职位晋升**：由已经工作的毕业生回答是否获得职位晋升以及获得晋升的次数。职位晋升是指享有比前一个职位更多的职权并承担更多的责任，由毕业生主观判断。这既包括不换雇主的内部提升，也包括通过更换雇主实现的晋升。
职位晋升次数：由毕业生回答获得晋升的次数，计算公式的分子是三年内毕业生获得的职位晋升次数，没有获得职位晋升的人记为0次，分母是三年内就业和就业过的毕业生数。

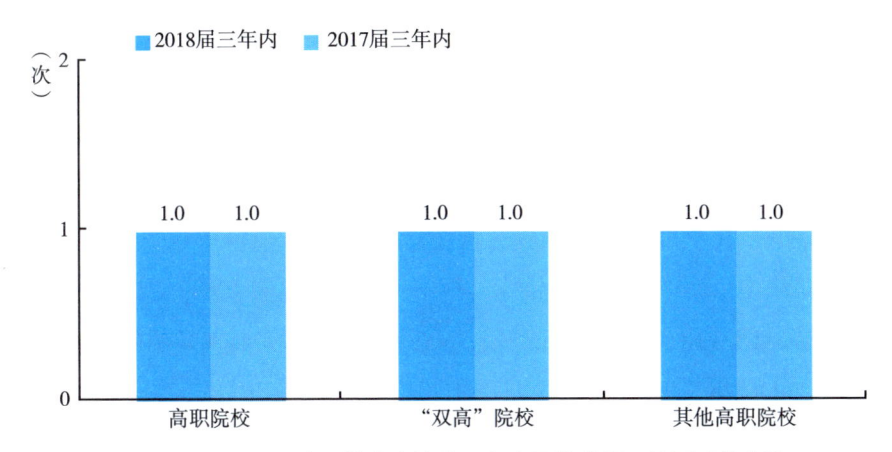

图 6-5　2018 届高职毕业生毕业三年内平均获得职位晋升的次数
（与 2017 届三年内对比）

资料来源：麦可思 - 中国 2017 届、2018 届大学毕业生三年后职业发展跟踪评价。

图 6-6　2018 届高职毕业生毕业三年内平均获得职位晋升的频度（与 2017 届三年内对比）

资料来源：麦可思 - 中国 2017 届、2018 届大学毕业生三年后职业发展跟踪评价。

（二）各专业大类的职位晋升

综合职位晋升比例和次数可以看出，旅游大类晋升情况较好，医药卫生大类晋升相对较慢。从各专业大类获得晋升的比例来看，旅游大类毕业生毕业三年内获得职位晋升的比例排在第一位，晋升次数排在第二位（并列）；

医药卫生大类毕业生毕业三年内获得职位晋升的比例和次数均相对较低，这类专业毕业生主要就业于医疗卫生单位，其晋升与医护人员职称体系有关（见表6-6、表6-7）。

表6-6　2018届高职各专业大类毕业生毕业三年内平均获得职位晋升的比例（与2017届三年内对比）

单位：%

高职专业大类名称	2018届三年内	2017届三年内
旅游大类	68	70
文化艺术大类	65	63
土木建筑大类	64	64
食品药品与粮食大类	62	64
农林牧渔大类	62	62
财经商贸大类	62	61
装备制造大类	60	61
能源动力与材料大类	60	60
电子信息大类	59	60
生物与化工大类	58	57
教育与体育大类	57	57
资源环境与安全大类	56	56
交通运输大类	55	55
医药卫生大类	35	36
全国高职	59	59

注：个别专业大类因为样本较少，没有包括在内。

资料来源：麦可思－中国2017届、2018届大学毕业生三年后职业发展跟踪评价。

表6-7　2018届高职各专业大类毕业生毕业三年内平均获得职位晋升的次数（与2017届三年内对比）

单位：次

高职专业大类名称	2018届三年内	2017届三年内
农林牧渔大类	1.2	1.1
旅游大类	1.1	1.2

续表

高职专业大类名称	2018届三年内	2017届三年内
土木建筑大类	1.1	1.1
文化艺术大类	1.1	1.0
装备制造大类	1.0	1.0
生物与化工大类	1.0	1.0
电子信息大类	1.0	1.0
财经商贸大类	1.0	1.0
资源环境与安全大类	1.0	0.9
能源动力与材料大类	1.0	0.9
食品药品与粮食大类	0.9	1.0
教育与体育大类	0.9	0.9
交通运输大类	0.8	0.8
医药卫生大类	0.6	0.6
全国高职	1.0	1.0

注：个别专业大类因为样本较少，没有包括在内。
资料来源：麦可思－中国2017届、2018届大学毕业生三年后职业发展跟踪评价。

（三）主要行业、职业的职位晋升

住宿和餐饮业职位晋升最快且保持稳定。具体来看，住宿和餐饮业毕业生在毕业三年内职位晋升比例（75%）排第一位，高出第二位较多；同时毕业生毕业三年内获得职位晋升的次数也排在首位，达到1.5次（见表6-8、表6-9）。

表6-8　2018届高职主要行业类毕业生毕业三年内平均获得职位晋升的比例（与2017届三年内对比）

单位：%

高职行业类名称	2018届三年内	2017届三年内
住宿和餐饮业	75	76
零售业	66	68

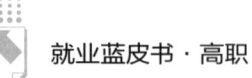

续表

高职行业类名称	2018届三年内	2017届三年内
文化、体育和娱乐业	66	67
各类专业设计与咨询服务业	66	65
邮递、物流及仓储业	65	67
信息传输、软件和信息技术服务业	64	65
农、林、牧、渔业	64	62
家具制造业	64	62
食品、烟草、加工业	63	65
金融业	63	64
电子电气设备制造业（含计算机、通信、家电等）	63	62
医药及设备制造业	62	62
其他制造业	62	61
居民服务、修理和其他服务业	61	62
批发业	61	61
教育业	61	61
建筑业	61	61
纺织、服装、皮革制造业	61	60
电力、热力、燃气及水生产和供应业	61	60
房地产开发及租赁业	60	63
化学品、化工、塑胶制造业	60	60
机械设备制造业	59	57
行政、商业和环境保护辅助业	55	56
交通运输设备制造业	55	56
初级金属制造业	55	55
运输业	51	52
政府及公共管理	39	38
医疗和社会护理服务业	38	38
全国高职	59	59

注：个别行业类因为样本较少，没有包括在内。

资料来源：麦可思－中国2017届、2018届大学毕业生三年后职业发展跟踪评价。

表 6-9　2018 届高职主要行业类毕业生毕业三年内平均获得职位晋升的次数
（与 2017 届三年内对比）

单位：次

高职行业类名称	2018 届三年内	2017 届三年内
住宿和餐饮业	1.5	1.5
农、林、牧、渔业	1.3	1.2
文化、体育和娱乐业	1.2	1.2
信息传输、软件和信息技术服务业	1.2	1.1
零售业	1.2	1.1
房地产开发及租赁业	1.1	1.2
批发业	1.1	1.2
各类专业设计与咨询服务业	1.1	1.1
邮递、物流及仓储业	1.1	1.1
纺织、服装、皮革制造业	1.1	1.0
家具制造业	1.1	1.0
其他制造业	1.1	1.0
建筑业	1.1	1.0
教育业	1.0	1.0
电子电气设备制造业（含计算机、通信、家电等）	1.0	1.0
电力、热力、燃气及水生产和供应业	1.0	1.0
化学品、化工、塑胶制造业	1.0	1.0
食品、烟草、加工业	1.0	1.0
居民服务、修理和其他服务业	0.9	1.0
医药及设备制造业	0.9	1.0
金融业	0.9	1.0
行政、商业和环境保护辅助业	0.9	0.9
机械设备制造业	0.9	0.8
交通运输设备制造业	0.8	0.7
初级金属制造业	0.8	0.7
运输业	0.7	0.7
政府及公共管理	0.6	0.5
医疗和社会护理服务业	0.6	0.5
全国高职	1.0	1.0

注：个别行业类因为样本较少，没有包括在内。
资料来源：麦可思 - 中国 2017 届、2018 届大学毕业生三年后职业发展跟踪评价。

经营管理类职业晋升优势明显。具体来看，经营管理类职业在毕业生毕业三年内职位晋升比例达到84%，晋升次数达到1.9次，均明显高于其他职业类。晋升速度与职业自身的特点、职称体系有关，该职业本身就要求达到一定的层次才能够胜任。另外，受职业特点或职称体系影响，医疗保健/紧急救助、公安/检察/法院/经济执法类职业的晋升相对缓慢（见表6-10、表6-11）。

表6-10　2018届高职主要职业类毕业生毕业三年内平均获得职位晋升的比例（与2017届三年内对比）

单位：%

高职职业类名称	2018届三年内	2017届三年内
经营管理	84	86
人力资源	74	73
餐饮/娱乐	69	71
酒店/旅游/会展	69	71
表演艺术/影视	69	70
互联网开发及应用	69	68
房地产经营	68	70
幼儿与学前教育	68	67
职业/教育培训	67	66
销售	67	66
美术/设计/创意	67	66
保险	66	67
农/林/牧/渔类	65	64
生产/运营	65	64
建筑工程	63	64
物流/采购	63	62
电气/电子（不包括计算机）	62	62
媒体/出版	61	62
工业安全与质量	61	61
电力/能源	60	61
财务/审计/税务/统计	60	58
测绘	59	59

续表

高职职业类名称	2018届三年内	2017届三年内
计算机与数据处理	59	56
机动车机械/电子	58	59
金融（银行/基金/证券/期货/理财）	57	59
机械/仪器仪表	57	55
生物/化工	56	57
社区工作者	52	52
交通运输/邮电	52	52
中小学教育	52	51
行政/后勤	50	49
公安/检察/法院/经济执法	38	37
医疗保健/紧急救助	35	36
全国高职	59	59

注：个别职业类因为样本较少，没有包括在内。
资料来源：麦可思-中国2017届、2018届大学毕业生三年后职业发展跟踪评价。

表6-11　2018届高职主要职业类毕业生毕业三年内平均获得职位晋升的次数（与2017届三年内对比）

单位：次

高职职业类名称	2018届三年内	2017届三年内
经营管理	1.9	2.0
餐饮/娱乐	1.5	1.5
表演艺术/影视	1.4	1.3
酒店/旅游/会展	1.3	1.4
房地产经营	1.3	1.3
互联网开发及应用	1.3	1.2
职业/教育培训	1.2	1.3
农/林/牧/渔类	1.2	1.3
人力资源	1.2	1.1
销售	1.2	1.1
美术/设计/创意	1.1	1.2
物流/采购	1.1	1.0

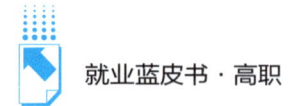

续表

高职职业类名称	2018届三年内	2017届三年内
生产/运营	1.1	1.0
建筑工程	1.1	1.0
媒体/出版	1.1	1.0
幼儿与学前教育	1.0	1.1
保险	1.0	1.1
电力/能源	1.0	1.0
电气/电子（不包括计算机）	1.0	1.0
测绘	0.9	1.0
生物/化工	0.9	1.0
计算机与数据处理	0.9	0.9
机械/仪器仪表	0.9	0.9
财务/审计/税务/统计	0.9	0.8
工业安全与质量	0.8	0.9
金融（银行/基金/证券/期货/理财）	0.8	0.9
机动车机械/电子	0.8	0.9
中小学教育	0.8	0.8
社区工作者	0.7	0.8
医疗保健/紧急救助	0.7	0.8
交通运输/邮电	0.7	0.7
行政/后勤	0.7	0.6
公安/检察/法院/经济执法	0.6	0.5
全国高职	1.0	1.0

注：个别职业类因为样本较少，没有包括在内。
资料来源：麦可思-中国2017届、2018届大学毕业生三年后职业发展跟踪评价。

（四）对职位晋升有帮助的活动与因素

在校期间的各项活动经历都能在一定程度上帮助毕业生的职业发展，其中实习经历对其职位晋升帮助最大。具体来看，2018届高职毕业生毕业三年后认为对职位晋升帮助最大的活动为假期实习/课外兼职（33%），其次是课堂上所学的知识和技能（32%）（见图6-7）。

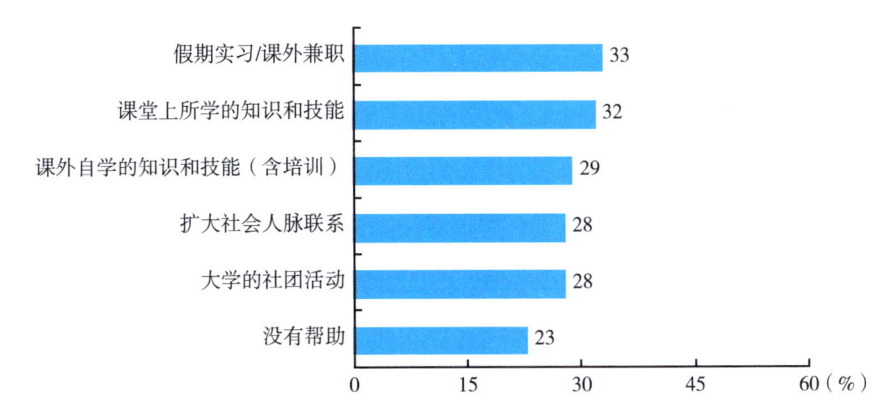

活动	百分比
假期实习/课外兼职	33
课堂上所学的知识和技能	32
课外自学的知识和技能（含培训）	29
扩大社会人脉联系	28
大学的社团活动	28
没有帮助	23

图6-7　2018届高职毕业生毕业三年后认为对职位晋升有帮助的大学活动

资料来源：麦可思-中国2018届大学毕业生三年后职业发展跟踪评价。

三　职场忠诚度分析

（一）离职率与雇主数

应届高职毕业生的工作流动性基本保持平稳。从近五年的离职率[①]来看，高职毕业生离职率在42%左右（见图6-8）。从毕业三年内的雇主数[②]来看，高职毕业生毕业三年内的平均雇主数为2.4个，不同类型高职院校无差异（见图6-9）。

---

① **离职率**：有过工作经历的毕业生（从毕业时到2021年12月31日）有多大比例离职过。离职率=曾经有离职行为的毕业生人数/现在工作或曾经工作过的毕业生人数。
② **雇主数**：指毕业生从第一份工作到三年后的跟踪评价时点，一共为多少个雇主工作过。雇主数越多，则工作转换得越频繁；雇主数可以代表毕业生工作稳定的程度。

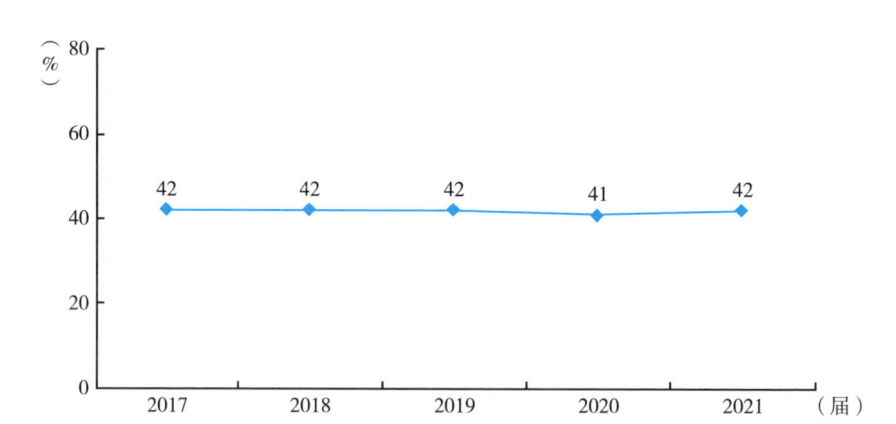

图 6-8　2017~2021 届高职毕业生毕业半年内的离职率变化趋势

资料来源：麦可思－中国 2017~2021 届大学毕业生培养质量跟踪评价。

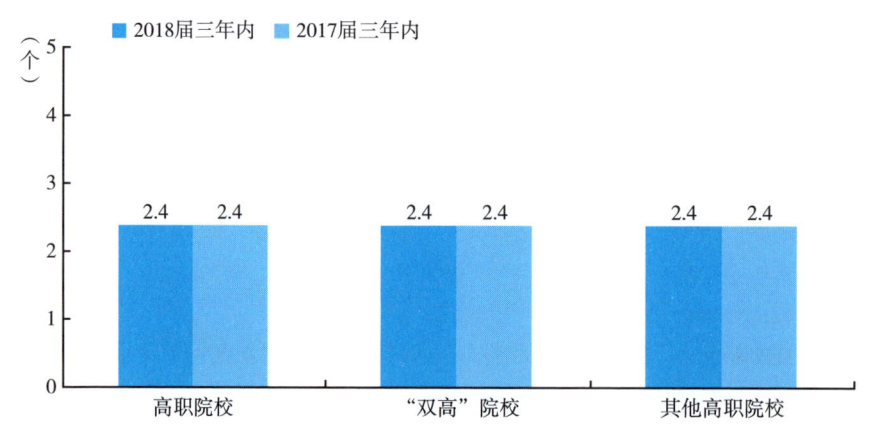

图 6-9　2018 届高职毕业生毕业三年内的平均雇主数（与 2017 届三年内对比）

资料来源：麦可思－中国 2017 届、2018 届大学毕业生三年后职业发展跟踪评价。

医药卫生大类、能源动力与材料大类毕业生从业稳定性保持较高水平。具体来看，医药卫生大类、能源动力与材料大类毕业生毕业半年内的离职率连续三届均低于30%，同时毕业三年内雇主数（分别为2.1个、2.0个）也较低。医药卫生大类主要服务于医疗机构，能源动力与材料大类主要就业于国企，其就业稳定性均较强。另外，新闻传播大类毕业生流动性较强，毕业半

高职毕业生职业发展分析

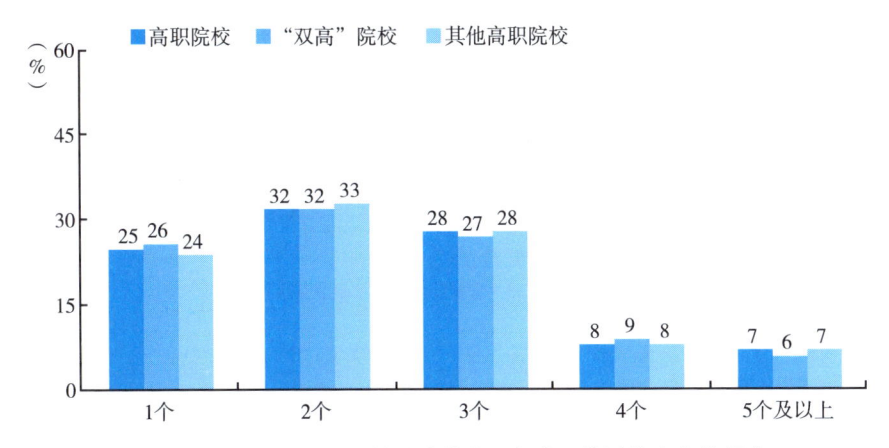

图 6-10 2018届高职毕业生毕业三年内工作过的雇主数频度

资料来源：麦可思-中国2018届大学毕业生三年后职业发展跟踪评价。

年内的离职率（54%）较高。就业稳定性与专业特点、就业所在单位类型等因素均有一定的关系（见表6-12、表6-13）。

表 6-12 2019~2021届高职各专业大类毕业生毕业半年内的离职率

单位：%

高职专业大类名称	2021届	2020届	2019届
医药卫生大类	26	24	21
能源动力与材料大类	27	28	29
交通运输大类	34	32	32
生物与化工大类	36	37	39
教育与体育大类	37	36	36
资源环境与安全大类	38	38	40
土木建筑大类	41	40	42
食品药品与粮食大类	42	43	43
装备制造大类	44	44	45
旅游大类	44	45	46
农林牧渔大类	46	44	45
公共管理与服务大类	47	46	47
电子信息大类	50	49	51
财经商贸大类	51	51	51

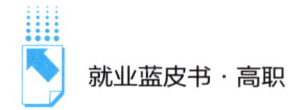

续表

高职专业大类名称	2021届	2020届	2019届
文化艺术大类	51	51	53
新闻传播大类	54	55	54
全国高职	42	41	42

注：个别专业大类因为样本较少，没有包括在内。
资料来源：麦可思－中国2019~2021届大学毕业生培养质量跟踪评价。

表6-13　2018届高职各专业大类毕业生毕业三年内的平均雇主数

单位：个

高职专业大类名称	毕业三年内平均雇主数
交通运输大类	2.0
能源动力与材料大类	2.0
医药卫生大类	2.1
食品药品与粮食大类	2.2
生物与化工大类	2.2
资源环境与安全大类	2.3
教育与体育大类	2.4
装备制造大类	2.4
农林牧渔大类	2.4
土木建筑大类	2.4
财经商贸大类	2.4
旅游大类	2.6
电子信息大类	2.6
文化艺术大类	2.8
全国高职	2.4

注：个别专业大类因为样本较少，没有包括在内。
资料来源：麦可思－中国2018届大学毕业生三年后职业发展跟踪评价。

（二）离职原因

追求薪资福利以及发展空间依然是高职毕业生选择离职的主要原因；另外，求职竞争日益激烈，越来越多毕业生渴望提升学历以增强竞争力，因而准备求学深造也成为部分毕业生选择离职的原因。具体来看，2021届高职毕业生因薪资福利偏低而离职的比例（43%）与2020届持平；因准备求学深造而离职的比例（10%）较2020届（8%）上升了2个百分点（见图6-11）。

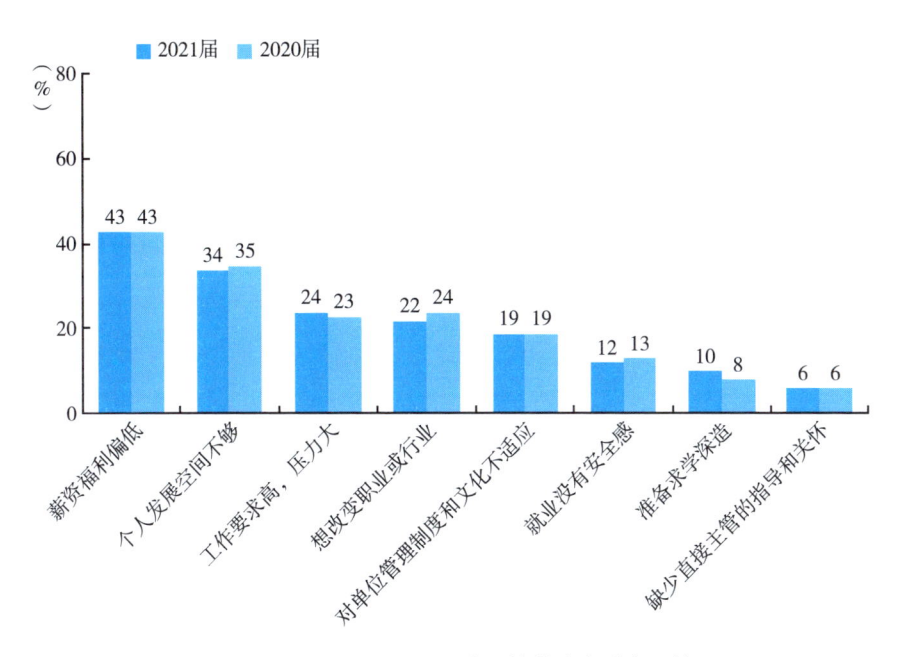

图6-11 2020届、2021届高职毕业生主动离职的原因

资料来源：麦可思-中国2020届、2021届大学毕业生培养质量跟踪评价。

B.7
高职毕业生专升本分析

摘　要：新冠肺炎疫情以来，专升本的扩招进一步增加了应届高职毕业生提升学历的机会，2021届高职毕业生专升本比例较疫情前（2019届）翻番，滞后就业压力需关注。追求更好的大学和就业前景是高职毕业生选择专升本的主要原因，除了一毕业就升学外，有近四成毕业生在工作一段时间后选择继续求学，毕业三年后高职毕业生学历提升明显。学历提升对毕业生从业幸福感的提升具有积极影响。

关键词：专升本　职业发展　高职生

一　读本科的比例

专升本[①]自2020年大幅扩招后，2021年对高职毕业生的分流继续扩大。具体来看，2021届高职毕业生读本科比例已接近20%，达到19.3%，在2020届（15.3%）的基础上进一步上升，是2017届（5.4%）的3.6倍。从不同院校类型近五年的数据来看，"双高"院校毕业生专升本比例虽整体高于其他高职院校，但两者差距逐渐缩小，到2021届分别达到20.2%、19.2%，仅相差1.0个百分点；与2017届相比，"双高"院校上升了14.2个百分点，其他高职院校上升了13.9个百分点。越来越多的高职毕业生获得了学历提升的机会（见图7-1、图7-2）。

---

① **专升本**：指高职毕业生毕业后继续就读本科。有专升本、专插本、专接本、专转本多种形式，本报告中统一称为"专升本"。

高职毕业生专升本分析

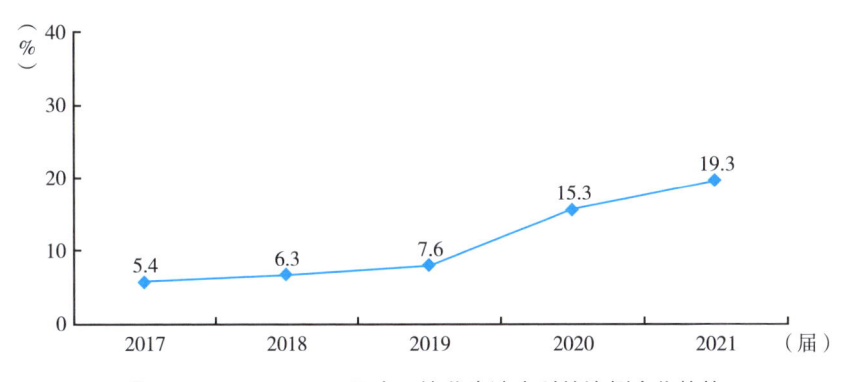

图 7-1　2017~2021 届高职毕业生读本科的比例变化趋势

资料来源：麦可思-中国 2017~2021 届大学毕业生培养质量跟踪评价。

图 7-2　2017~2021 届各类高职院校毕业生读本科的比例变化趋势

资料来源：麦可思-中国 2017~2021 届大学毕业生培养质量跟踪评价。

从各专业大类读本科的比例来看，2021 届教育与体育大类、财经商贸大类、电子信息大类毕业生专升本比例排前三位，均超过 20%（见表 7-1）。

表 7-1　2019~2021 届高职各专业大类毕业生读本科的比例

单位：%

高职专业大类名称	2021 届	2020 届	2019 届
教育与体育大类	21.8	16.8	9.7
财经商贸大类	21.6	17.3	9.9

111

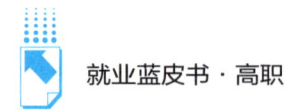

续表

高职专业大类名称	2021届	2020届	2019届
电子信息大类	20.2	15.8	7.8
土木建筑大类	19.4	14.8	6.0
文化艺术大类	19.3	13.7	7.3
新闻传播大类	18.7	13.2	6.8
公共管理与服务大类	18.4	13.0	6.4
食品药品与粮食大类	18.1	13.6	5.8
生物与化工大类	18.0	14.8	7.4
资源环境与安全大类	17.9	13.5	5.5
医药卫生大类	17.7	15.8	8.7
旅游大类	16.6	11.8	6.8
装备制造大类	16.4	12.3	5.5
农林牧渔大类	14.8	12.0	6.4
能源动力与材料大类	14.6	12.3	5.2
交通运输大类	13.8	12.1	5.3
全国高职	19.3	15.3	7.6

注：个别专业大类因为样本较少，没有包括在内。
资料来源：麦可思－中国2019~2021届大学毕业生培养质量跟踪评价。

二 读本科的原因

想去更好的大学、就业前景好是高职毕业生选择专升本的主要原因。从2021届毕业生选择读本科的原因来看，有33%是为了进入更好的大学，有28%因就业前景好而选择读本科（见图7-3）。

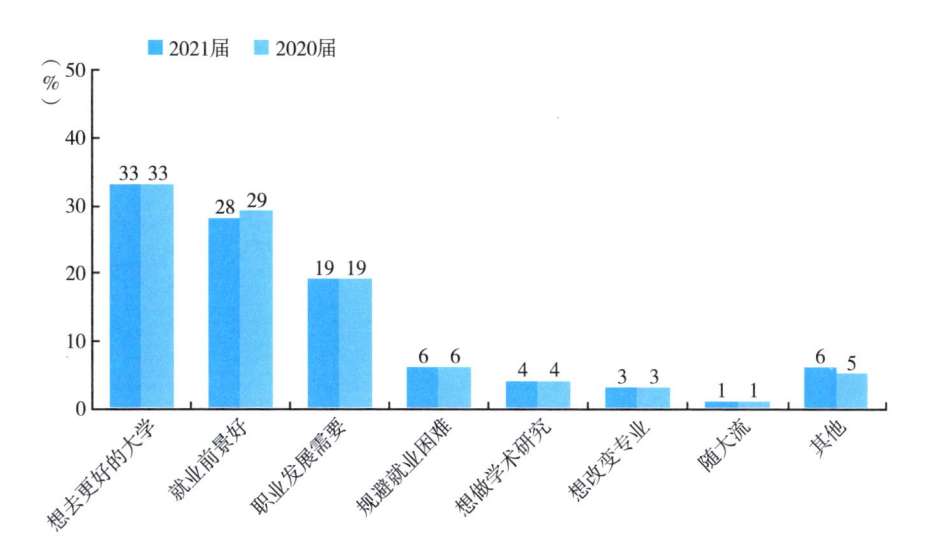

图 7-3　2020 届、2021 届高职毕业生读本科的原因

资料来源：麦可思-中国 2020 届、2021 届大学毕业生培养质量跟踪评价。

三　职业发展

高职毕业生毕业三年后学历提升明显。具体来看，2018 届高职毕业生一毕业就读本科的比例为 6.3%，到毕业三年后学历提升的比例大幅上升到了 37.5%。无论是"双高"院校还是其他高职院校都表现出相同特点，各自均有近四成毕业生在工作一段时间后选择进一步深造以实现学历提升（见图 7-4）。

在"双高"院校中，学历提升给毕业生带来的经济回报有所显现。通过对 2018 届高职毕业生毕业三年后学历提升人群和学历未提升人群的月收入对比发现，学历提升对"双高"院校毕业生的影响更为明显，学历提升人群的月收入（7284 元）比未提升人群（7157 元）高了 127 元，随着毕业生时间的持续推移，差异会更为明显（见图 7-5）。

学历提升对毕业生从业幸福感的提升具有积极影响。通过对高职毕业生毕业三年后学历提升人群和学历未提升人群的就业满意度对比发现，学历提

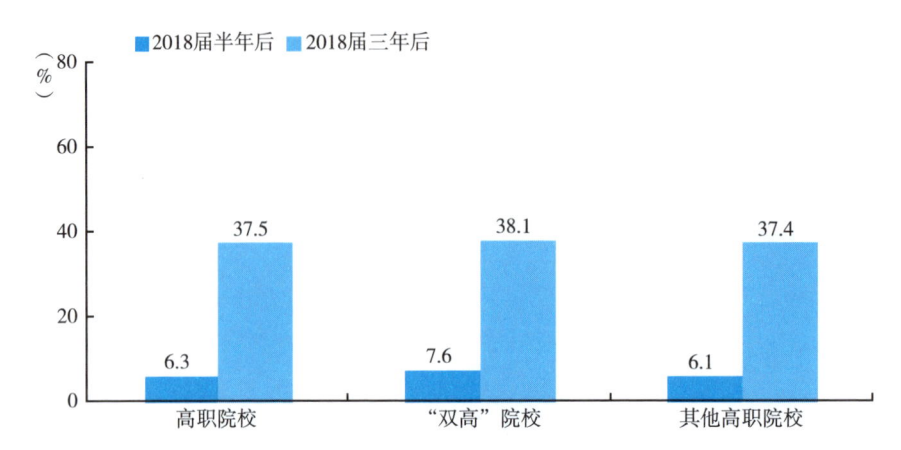

图 7-4　2018 届高职毕业生毕业三年后学历提升人群的比例

资料来源：麦可思－中国 2018 届大学毕业生三年后职业发展跟踪评价，2018 届大学毕业生培养质量跟踪评价。

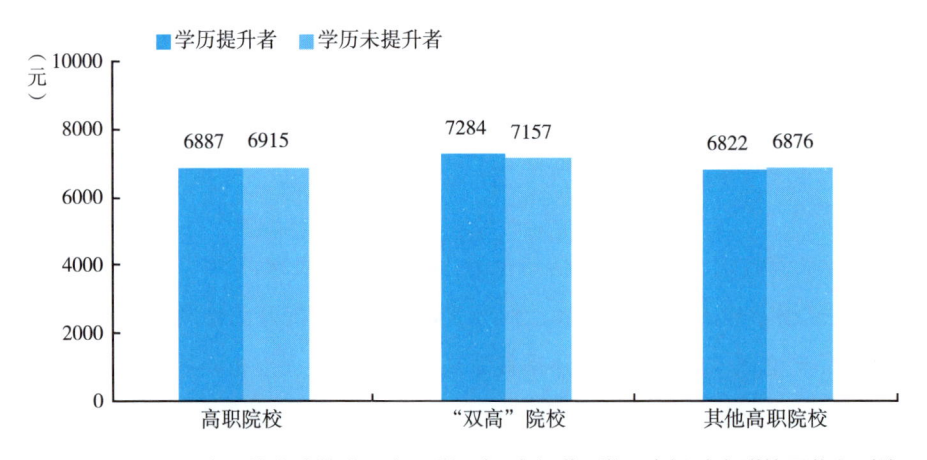

图 7-5　2018 届高职毕业生毕业三年后学历提升人群和学历未提升人群的月收入对比

资料来源：麦可思－中国 2018 届大学毕业生三年后职业发展跟踪评价。

升人群的就业满意度（72%）比学历未提升人群（68%）高 4 个百分点。"双高"院校、其他高职院校呈现的特点一致，学历提升人群毕业三年后的就业满意度比学历未提升人群均高出 4 个百分点（见图 7-6）。

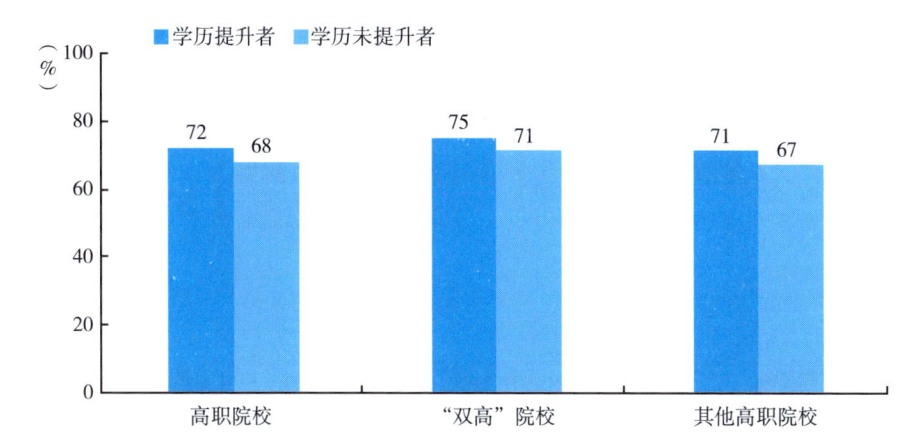

图 7-6　2018 届高职毕业生毕业三年后学历提升人群和学历未提升人群的就业满意度对比

资料来源：麦可思 - 中国 2018 届大学毕业生三年后职业发展跟踪评价。

B.8
高职毕业生灵活就业分析

摘　要：疫情防控常态化背景下，灵活就业对毕业生毕业去向起到分流的作用，也一定程度上缓解了当下的就业压力。伴随着数字经济的发展，新兴领域就业空间不断拓展，毕业生也将拥有更多灵活就业的选择。虽然"双减"政策的出台对教育培训行业（特别是学科类培训）造成了较大影响，但素质类培训依然可以为毕业生在教育领域灵活就业提供相应机会。此外，养老护理、零售领域（特别是在线零售）、自媒体内容类等新业态的灵活就业也受毕业生青睐。需关注的是，对毕业生灵活就业的保障支持机制仍需不断加强和完善。

关键词：灵活就业　新业态　高职生

一　灵活就业比例

2021届有7.7%的高职毕业生在毕业半年后选择灵活就业，其中包括1.8%选择受雇半职工作，2.8%选择自由职业，3.1%选择自主创业。从不同院校类型来看，其他高职院校毕业生选择灵活就业的比例（7.9%）相对更高（见图8-1）。伴随着数字经济的发展，新兴领域就业空间不断拓展，毕业生也将拥有更多灵活就业的选择。此外随着灵活就业支持政策的逐步完善，毕业生灵活就业的质量也将进一步提升。

高职毕业生灵活就业分析

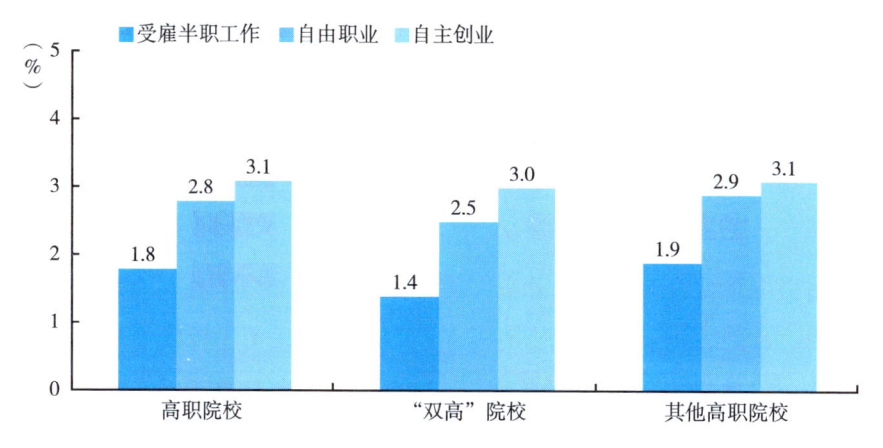

图 8-1　2021 届高职毕业生各类灵活就业的比例

类别	高职院校	"双高"院校	其他高职院校
受雇半职工作	1.8	1.4	1.9
自由职业	2.8	2.5	2.9
自主创业	3.1	3.0	3.1

资料来源：麦可思－中国 2021 届大学毕业生培养质量跟踪评价。

教育领域是灵活就业毕业生最为集中的领域。2021 届选择受雇半职工作的高职毕业生中，近两成（19.6%）服务于教育领域（见图 8-2）；自由职业、自主创业的毕业生在教育领域的比例均在一成左右（分别为 10.5%、9.1%）（见图 8-3、图 8-4）。虽然"双减"政策的出台对教育培训行业（特别是学科类培训）造成了较大影响，但素质类培训依然可以为毕业生在教育领域灵活就业提供相应机会。

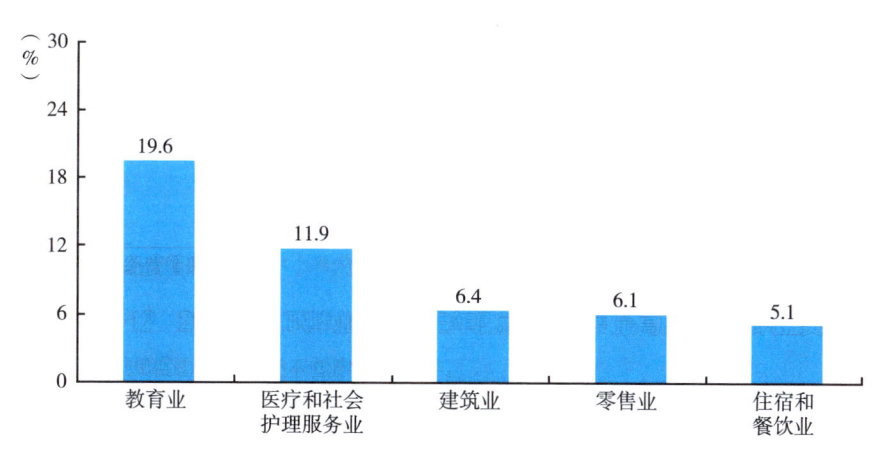

图 8-2　2021 届高职毕业生受雇半职工作最集中的前五位行业类

行业	比例(%)
教育业	19.6
医疗和社会护理服务业	11.9
建筑业	6.4
零售业	6.1
住宿和餐饮业	5.1

资料来源：麦可思－中国 2021 届大学毕业生培养质量跟踪评价。

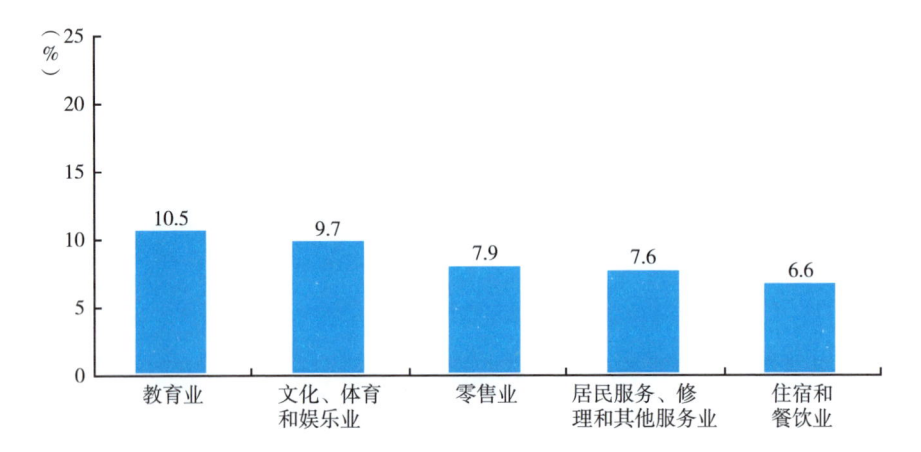

图 8-3　2021 届高职毕业生自由职业最集中的前五位行业类

资料来源：麦可思－中国 2021 届大学毕业生培养质量跟踪评价。

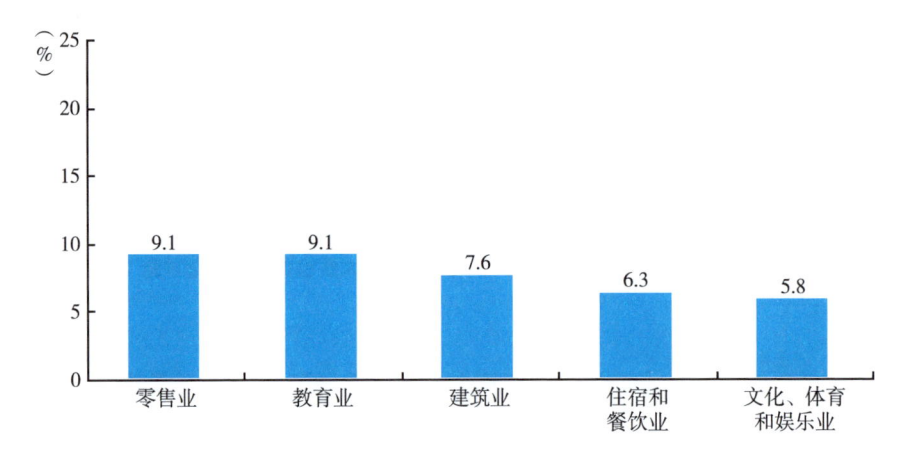

图 8-4　2021 届高职毕业生自主创业最集中的前五位行业类

资料来源：麦可思－中国 2021 届大学毕业生培养质量跟踪评价。

与此同时，受雇半职工作的高职毕业生在医疗和社会护理服务业的比例（11.9%）仅次于教育领域排第二位。随着人口老龄化程度的不断提升，社会对居家养老护理方面的需求越来越多，养老护理逐渐成为灵活就业的新方向。近年来中央及各地政府已多次出台相关政策鼓励支持养老护理领域的发展，毕业生在这一方向也将拥有更多灵活就业的选择。

另外，灵活就业群体对零售领域（特别是网上零售）也较为青睐，2021届选择自由职业、自主创业的高职毕业生在零售业的比例分别为7.9%、9.1%。

二 灵活就业质量

从灵活就业毕业生的就业质量来看，自主创业群体的月收入水平较高，且从业幸福感较强。2021届选择自主创业的高职毕业生月收入为5042元，就业满意度为79%，均明显高于高职毕业生平均水平（月收入4505元，就业满意度72%）。自由职业、受雇半职工作群体的月收入相对较低，从业幸福感相对较弱（见图8-5、图8-6）。随着国家和地方对灵活就业保障支持机制的不断加强和完善，灵活就业毕业生的就业质量仍有进一步提升的空间。

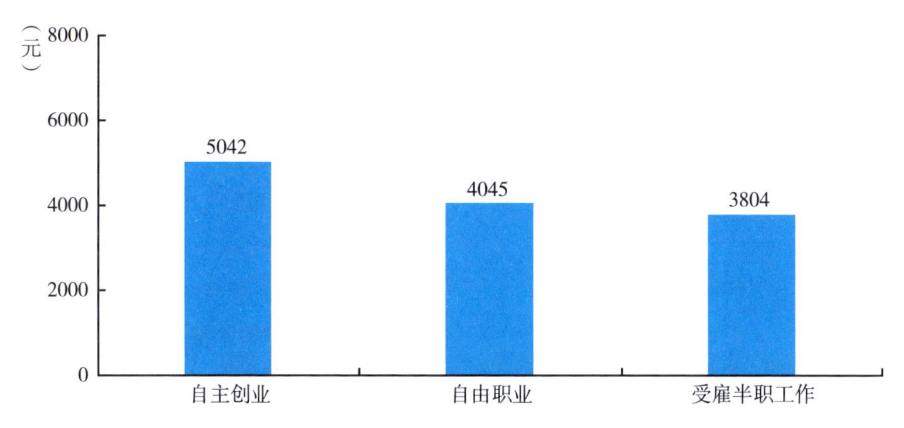

图8-5 2021届高职各类灵活就业毕业生的月收入

资料来源：麦可思-中国2021届大学毕业生培养质量跟踪评价。

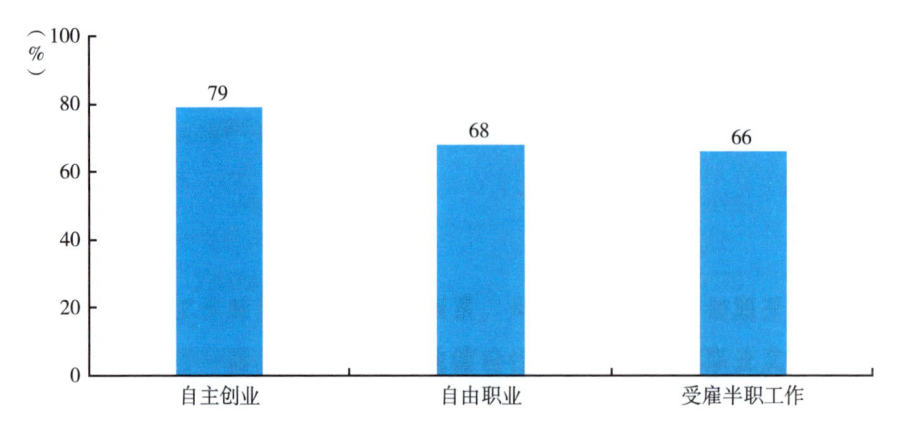

图 8-6　2021 届高职各类灵活就业毕业生的就业满意度

资料来源：麦可思－中国 2021 届大学毕业生培养质量跟踪评价。

三　自主创业人群职业发展

相比作为短期内稳就业、增加就业渠道手段之一的半职工作和自由职业，自主创业更有可能成为可长期坚守的事业。随着毕业时间的延长，毕业生自主创业比例进一步上升。2018 届高职毕业生在毕业半年后自主创业的比例为 3.6%，到毕业三年后近乎翻了一番，达到 6.9%（见图 8-7）。

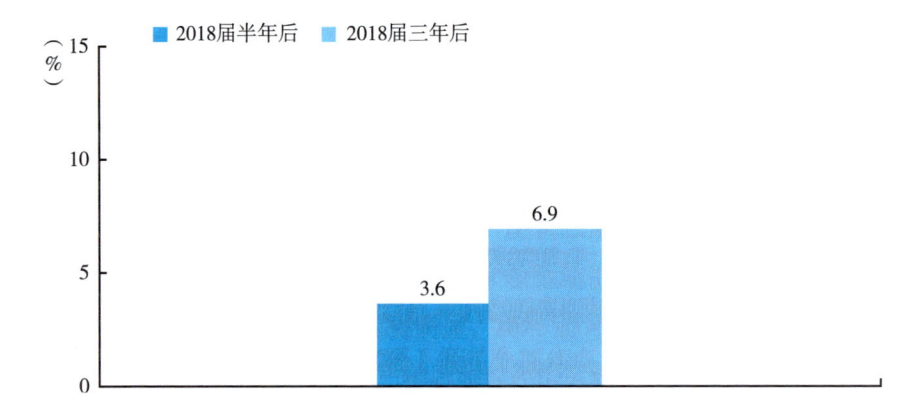

图 8-7　2018 届高职毕业生毕业三年后自主创业的比例（与 2018 届半年后对比）

资料来源：麦可思－中国 2018 届大学毕业生三年后职业发展跟踪评价，2018 届大学毕业生培养质量跟踪评价。

高职毕业生灵活就业分析

当然值得注意的是，自主创业群体的生存挑战仍在增加。进一步跟踪2018届毕业生毕业半年内自主创业的群体发现，其在毕业三年内有六成以上退出创业，仍然坚持创业的比例（39.5%）相比2017届同期（41.0%）进一步下降（见图8-8）。除了创业资金问题外，缺乏管理经验也是创业群体面临的主要困难之一，对此高校创新创业教育可有针对性地加以侧重。

图8-8 2018届高职毕业生毕业半年自主创业者三年后的去向分布（与2017届对比）

资料来源：麦可思－中国2017届、2018届大学毕业生三年后职业发展跟踪评价，2017届、2018届大学毕业生培养质量跟踪评价。

B.9 高职毕业生能力分析

摘　要： 毕业生能力达成是实现高质量就业与发展的重要前提。高职毕业生能力达成效果持续提升，其中在理解交流能力方面整体达成效果较好，亟待改进的能力为当下产业转型升级中岗位急需的数字化技能。此外，终身学习能力对毕业生职业发展的重要程度较高，而其掌握水平仍需提升。素养提升方面，毕业生在校期间积极进取意识、乐观态度、遵纪守法均获得了较为明显的提升。

关键词： 能力达成　素养提升　职业发展　高职生

一　基本工作能力评价

（一）背景介绍

工作能力：从事某项职业工作必须具备的能力，分为职业工作能力和基本工作能力。职业工作能力是从事某一职业特别需要的能力，基本工作能力是所有工作都必须具备的能力，麦可思参考美国 SCANS 标准，把基本工作能力分为 35 项。根据麦可思的工作能力分类，中国大学生可以从事的职业达 600 多个，对应的职业能力近万条。

五大类基本工作能力：麦可思参考美国 SCANS 标准，将 35 项基本工作能力划归为五大类型，分别是理解与交流能力、科学思维能力、管理能力、应用分析能力和动手能力（见图 9-1、表 9-1）。

高职毕业生能力分析

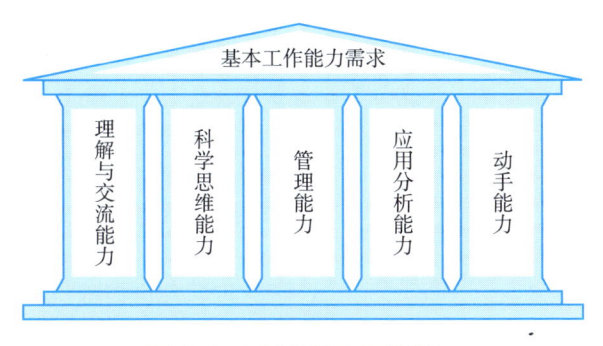

图 9-1 五大类基本工作能力

表 9-1 基本工作能力定义及序号			
序号	五大类能力	名称	描述
1	理解与交流能力	理解性阅读	理解工作文件的句子和段落
2	理解与交流能力	积极聆听	理解对方讲话的要点,适当地提出问题
3	理解与交流能力	有效的口头沟通	交谈中有效地传递信息
4	理解与交流能力	积极学习	理解信息中的启示,用于解决问题,帮助作出决定
5	理解与交流能力	学习方法	在训练和指导工作时选择方法与程序
6	理解与交流能力	理解他人	关注并理解他人的反应
7	理解与交流能力	服务他人	积极地寻找方法来帮助他人
8	科学思维能力	针对性写作	根据读者需求有效地传递信息
9	科学思维能力	数学解法	用数学方法来解决问题
10	科学思维能力	科学分析	用科学的原理和方法来解决问题
11	科学思维能力	逻辑思维	运用逻辑推理来判定解决问题的建议、结论和方法的优缺点
12	管理能力	绩效监督	监督和评估自己、他人或组织的绩效以采取改进行动
13	管理能力	协调安排	根据他人的需要调整工作安排
14	管理能力	说服他人	说服他人改变想法或者行为
15	管理能力	谈判技能	与他人沟通并且达成一致
16	管理能力	指导他人	指导他人怎样去做一件事
17	管理能力	解决复杂的问题	识别复杂问题并查阅信息以发现和评估解决方案
18	管理能力	判断和决策	考虑各方案的成本和收益,决定最合适的方案
19	管理能力	时间管理	管理自己和他人的时间
20	管理能力	财务管理	决定怎样花钱以完成工作,并为这些开支记账核算

123

续表

序号	五大类能力	名称	描述
21	管理能力	物资管理	如何按照工作的特定需要获得设备、厂房和材料,以及监督其合理使用
22	管理能力	人力资源管理	在工作中激发、指导人们的工作,寻找适合各项工作的人
23	应用分析能力	设计思维	分析需求和生产的可能性以开发出新产品
24	应用分析能力	技术设计	按要求设计和修改设备与技术
25	应用分析能力	设备选择	决定使用哪一种工具和设备来做一项工作
26	应用分析能力	质量控制分析	对产品、服务或工作程序进行测试和检查以评价其质量和绩效
27	应用分析能力	操作监控	监视仪表、控制器和其他指示器以保证机器正常运行
28	应用分析能力	操作和控制	控制设备和系统的运行
29	应用分析能力	设备维护	对设备进行日常维护并决定什么时候进行何种维护
30	应用分析能力	疑难排解	判断出操作错误的产生原因并决定纠错对策
31	应用分析能力	系统分析	判定变化对一个系统运行结果的影响
32	应用分析能力	系统评估	识别系统绩效的评估方法或指标,根据系统目标行动,以改进系统表现
33	动手能力	安装能力	按照特定要求来安装设备、机器、管线或程序
34	动手能力	电脑编程	为各种目的编写电脑程序
35	动手能力	维修机器和系统	使用必要的工具来修理机器和系统

基本工作能力的重要度：用于定义正在工作的大学毕业生所理解的35项基本工作能力在其岗位工作中的重要程度，分为"无法评估"、"不重要"、"有些重要"、"重要"、"非常重要"和"极其重要"六个层次，数据处理时把重要性处理为百分比，0代表"不重要"，25%代表"有些重要"，50%代表"重要"，75%代表"非常重要"，100%代表"极其重要"。

工作岗位要求的工作能力水平：用于定义正在工作的大学毕业生所理解的工作对35项基本工作能力的要求级别，从低到高分为一级到七级。一级代表该能力的最低水平，取值1/7；七级代表该能力的最高水平，取值1。为了帮助答题人自评级别，问卷在一到七级中分别举了三个例子，以帮助答题人理解能力差别。

毕业时掌握的基本工作能力水平：用于定义正在工作的大学毕业生所理解的在刚毕业时实际掌握的35项基本工作能力的级别，从低到高分为一级到七级。一级代表该能力的最低水平，取值1/7；七级代表该能力的最高水平，取值1。为了帮助答题人自评级别，问卷在一级到七级中分别举了三个例子，以帮助答题人理解能力差别。

基本工作能力的满足度：毕业时掌握的基本工作能力满足社会初始岗位的工作要求的百分比，100%为完全满足。满足度计算公式的分子是毕业时掌握的基本工作能力水平，分母是工作要求的水平。

（二）基本工作能力重要度和满足度

高职毕业生毕业时掌握的基本工作能力水平整体呈现稳中有升的趋势。从近五年的数据来看，全国高职毕业生毕业时掌握的基本工作能力水平从2017届的54%上升至2021届的57%。从不同院校类型来看，近五年"双高"院校、其他高职院校毕业生毕业时掌握的基本工作能力水平分别上升了2个、3个百分点，2021届均达到了57%（见图9-2、图9-3）。

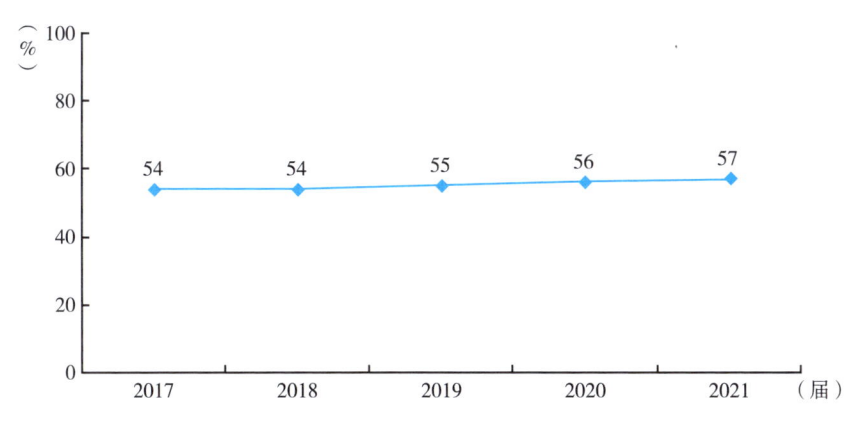

图9-2 2017~2021届高职毕业生毕业时掌握的基本工作能力水平

资料来源：麦可思-中国2017~2021届大学毕业生培养质量跟踪评价。

就业蓝皮书·高职

图 9-3　2017~2021 届各类高职院校毕业生毕业时掌握的基本工作能力水平

资料来源：麦可思 - 中国 2017~2021 届大学毕业生培养质量跟踪评价。

高职毕业生能力培养效果稳中有升。从近五年的数据来看，全国高职毕业生的基本工作能力满足度从 2017 届的 84% 上升至 2021 届的 87%。从不同院校类型来看，"双高"院校和其他高职院校毕业生的基本工作能力满足度整体均呈现上升趋势，2021 届均达到了 87%（见图 9-4、图 9-5）。

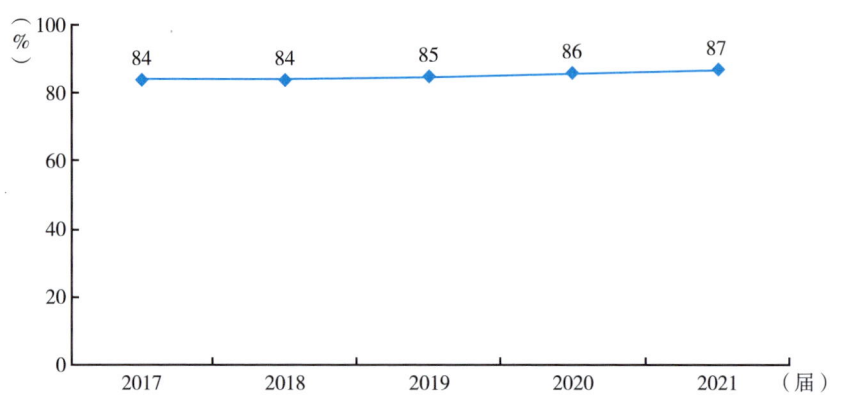

图 9-4　2017~2021 届高职毕业生的基本工作能力满足度

资料来源：麦可思 - 中国 2017~2021 届大学毕业生培养质量跟踪评价。

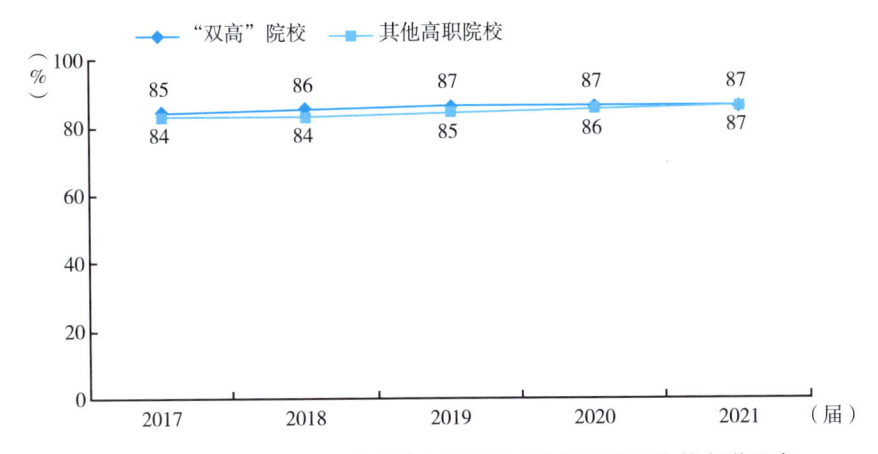

图 9-5　2017~2021 届各类高职院校毕业生的基本工作能力满足度

资料来源：麦可思－中国 2017~2021 届大学毕业生培养质量跟踪评价。

高职毕业生在理解交流能力方面整体掌握效果较好，应用分析能力及动手能力仍有提升空间。从毕业生各项基本工作能力的重要度和满足度评价来看，2021 届高职毕业生认为理解交流能力中的理解他人，科学思维能力中的逻辑思维，管理能力中的谈判技能，应用分析能力中的设计思维、疑难排解，动手能力中的电脑编程方面重要度均较高。其中，电脑编程能力其满足度相对偏低（见图 9-6）。

结合就业岗位来看，电脑编程能力在计算机与数据处理类岗位的重要度较高，但其满足度仍相对较低（见表 9-2）。

进一步从主要专业类来看，电脑编程能力对计算机类专业毕业生的重要度较高，但能力的满足度相对较低（见表 9-3）。伴随着数字产业的不断发展扩大以及产业数字化升级的持续深入，实际工作中的数字化应用场景将越来越多，这也对从业者的数字化技能提出了更高要求，相关专业需进一步强化这方面能力的培养。

从毕业生毕业三年后各项通用能力的需求度和满足度来看，2018 届高职毕业生认为信息搜索与处理、终身学习能力在工作中的需求度（均为 68%）最高，但终身学习能力的满足度（89%）仍低于其他能力（见图 9-7）。随着

就业蓝皮书·高职

■ 满足度 ■ 重要度

能力类别	能力项	满足度	重要度
理解与交流能力	理解他人	89	60
	积极聆听	89	59
	学习方法	87	59
	有效的口头沟通	88	59
	积极学习	87	58
	服务他人	89	58
	理解性阅读	90	55
科学思维能力	逻辑思维	88	60
	科学分析	86	57
	针对性写作	89	51
	数学解法	90	45
管理能力	谈判技能	88	61
	时间管理	89	60
	说服他人	85	59
	解决复杂的问题	87	59
	协调安排	89	58
	判断和决策	89	56
	指导他人	89	56
	财务管理	88	56
	人力资源管理	80	56
	绩效监督	89	52
	物资管理	87	51
应用分析能力	设计思维	84	62
	疑难排解	85	60
	技术设计	83	58
	系统分析	85	57
	质量控制分析	86	56
	操作监控	84	55
	设备维护	84	55
	操作和控制	86	55
	系统评估	90	53
	设备选择	86	51
动手能力	电脑编程	74	62
	安装能力	84	57
	维修机器和系统	83	52

图 9-6　2021 届高职毕业生的各项基本工作能力的重要度和满足度

资料来源：麦可思－中国 2021 届大学毕业生培养质量跟踪评价。

工作时间的延长，保持不断学习的状态对毕业生职业发展至关重要。高校在注重专业能力培养的同时，也需关注终身学习等通用能力的培养和提升效果。

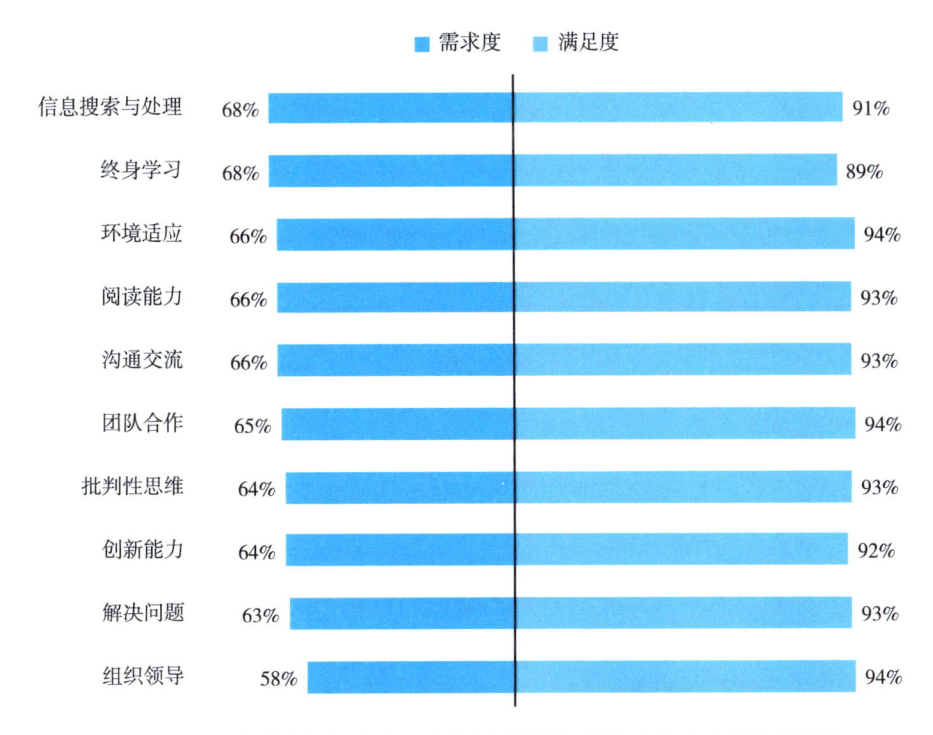

能力	需求度	满足度
信息搜索与处理	68%	91%
终身学习	68%	89%
环境适应	66%	94%
阅读能力	66%	93%
沟通交流	66%	93%
团队合作	65%	94%
批判性思维	64%	93%
创新能力	64%	92%
解决问题	63%	93%
组织领导	58%	94%

图 9-7　2018 届高职毕业生毕业三年后各项通用能力的需求度和满足度

资料来源：麦可思－中国 2018 届大学毕业生三年后职业发展跟踪评价。

（三）主要职业、专业最重要的前3项基本工作能力的满足度

不同职业类、专业类最重要的基本工作能力及其达成效果有所差异（见表9-2、表9-3）。相关院校和专业可基于自身主要服务面向领域的实际需求，进一步完善能力本位的课程体系，从而更好地促进毕业生的能力达成，不断强化人才培养效果。

表9-2 主要职业类最重要的前3项基本工作能力的满足度

单位：%

职业类名称	最重要的前3项基本工作能力	能力满足度
保险	谈判技能	89
	服务他人	89
	有效的口头沟通	89
表演艺术/影视	时间管理	88
	有效的口头沟通	88
	积极学习	87
财务/审计/税务/统计	有效的口头沟通	88
	积极学习	89
	财务管理	88
餐饮/娱乐	理解他人	90
	有效的口头沟通	90
	积极聆听	91
电力/能源	设备维护	84
	安装能力	87
	疑难排解	83
电气/电子（不包括计算机）	操作和控制	87
	疑难排解	84
	设备维护	85
房地产经营	说服他人	81
	有效的口头沟通	84
	谈判技能	89
工业安全与质量	有效的口头沟通	89
	疑难排解	86
	积极学习	87
公安/检察/法院/经济执法	有效的口头沟通	89
	逻辑思维	87
	理解性阅读	90
航空机械/电子	疑难排解	83
	积极学习	87
	操作监控	88

高职毕业生能力分析

续表

职业类名称	最重要的前 3 项基本工作能力	能力满足度
互联网开发及应用	疑难排解	82
	积极学习	85
	有效的口头沟通	88
环境保护	有效的口头沟通	87
	科学分析	87
	疑难排解	84
机动车机械/电子	有效的口头沟通	89
	安装能力	86
	疑难排解	88
机械/仪器仪表	技术设计	82
	疑难排解	82
	积极学习	85
计算机与数据处理	有效的口头沟通	89
	疑难排解	84
	电脑编程	72
建筑工程	有效的口头沟通	87
	疑难排解	85
	协调安排	87
交通运输/邮电	服务他人	88
	理解他人	90
	有效的口头沟通	88
金融（银行/基金/证券/期货/理财）	积极学习	88
	有效的口头沟通	86
	服务他人	88
经营管理	谈判技能	90
	理解他人	89
	判断和决策	87
酒店/旅游/会展	积极聆听	90
	理解他人	91
	有效的口头沟通	89

续表

职业类名称	最重要的前3项基本工作能力	能力满足度
矿山/石油	有效的口头沟通	88
	操作监控	84
	积极学习	88
媒体/出版	积极聆听	89
	有效的口头沟通	88
	积极学习	84
美容/健身	有效的口头沟通	88
	理解他人	91
	服务他人	89
美术/设计/创意	设计思维	82
	技术设计	82
	有效的口头沟通	85
农/林/牧/渔类	有效的口头沟通	86
	逻辑思维	87
	积极学习	86
人力资源	积极学习	87
	理解他人	88
	人力资源管理	85
社区工作者	积极聆听	87
	服务他人	87
	理解他人	88
生产/运营	疑难排解	84
	有效的口头沟通	87
	协调安排	90
生物/化工	积极学习	86
	操作监控	82
	疑难排解	84
文化/体育	积极聆听	90
	积极学习	85
	服务他人	87

高职毕业生能力分析

续表

职业类名称	最重要的前 3 项基本工作能力	能力满足度
物流 / 采购	谈判技能	87
	理解他人	90
	积极学习	88
销售	积极学习	86
	谈判技能	88
	有效的口头沟通	86
行政 / 后勤	积极聆听	88
	协调安排	88
	理解他人	89
医疗保健 / 紧急救助	疑难排解	88
	理解他人	89
	服务他人	89
幼儿与学前教育	理解他人	90
	服务他人	90
	积极学习	89
职业 / 教育培训	理解他人	88
	积极学习	86
	指导他人	87
中小学教育	学习方法	86
	理解他人	89
	指导他人	89

注：个别职业类因为样本较少，没有包括在内。
资料来源：麦可思 – 中国 2021 届大学毕业生培养质量跟踪评价。

表 9-3　主要专业类最重要的前 3 项基本工作能力的满足度

单位：%

专业类名称	最重要的前 3 项基本工作能力	能力满足度
农业类	有效的口头沟通	90
	理解他人	90
	积极学习	88

133

续表

专业类名称	最重要的前 3 项基本工作能力	能力满足度
林业类	有效的口头沟通	86
	积极学习	85
	理解他人	89
畜牧业类	有效的口头沟通	87
	积极学习	86
	服务他人	88
测绘地理信息类	疑难排解	92
	有效的口头沟通	89
	积极学习	87
环境保护类	科学分析	85
	有效的口头沟通	87
	积极学习	87
电力技术类	系统分析	83
	设备维护	80
	安装能力	81
建筑设计类	谈判技能	84
	技术设计	80
	理解他人	87
土建施工类	有效的口头沟通	87
	质量控制分析	88
	协调安排	87
建筑设备类	有效的口头沟通	87
	疑难排解	83
	质量控制分析	86
建设工程管理类	谈判技能	87
	有效的口头沟通	86
	疑难排解	86

续表

专业类名称	最重要的前3项基本工作能力	能力满足度
市政工程类	有效的口头沟通	88
	协调安排	85
	疑难排解	83
房地产类	理解他人	88
	服务他人	90
	有效的口头沟通	87
机械设计制造类	有效的口头沟通	86
	技术设计	81
	疑难排解	84
机电设备类	安装能力	81
	设备维护	84
	有效的口头沟通	86
自动化类	疑难排解	83
	有效的口头沟通	87
	积极学习	86
船舶与海洋工程装备类	有效的口头沟通	85
	积极学习	84
	疑难排解	84
汽车制造类	有效的口头沟通	87
	维修机器和系统	85
	疑难排解	85
化工技术类	操作监控	81
	疑难排解	85
	积极学习	87
食品工业类	疑难排解	86
	积极学习	90
	有效的口头沟通	89
药品制造类	有效的口头沟通	90
	学习方法	87
	疑难排解	89

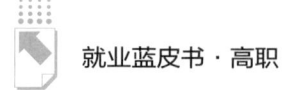

续表

专业类名称	最重要的前 3 项基本工作能力	能力满足度
铁道运输类	操作监控	83
	疑难排解	87
	服务他人	87
道路运输类	有效的口头沟通	86
	协调安排	87
	疑难排解	86
航空运输类	理解他人	89
	服务他人	90
	有效的口头沟通	89
城市轨道交通类	理解他人	90
	疑难排解	83
	有效的口头沟通	88
电子信息类	疑难排解	85
	有效的口头沟通	87
	质量控制分析	82
计算机类	疑难排解	84
	电脑编程	73
	有效的口头沟通	87
通信类	有效的口头沟通	92
	疑难排解	89
	积极学习	88
临床医学类	疑难排解	81
	积极学习	84
	理解他人	87
护理类	疑难排解	88
	理解他人	89
	服务他人	90
药学类	积极学习	87
	疑难排解	86
	有效的口头沟通	87

续表

专业类名称	最重要的前3项基本工作能力	能力满足度
医学技术类	操作和控制	89
	有效的口头沟通	87
	积极学习	87
康复治疗类	有效的口头沟通	85
	服务他人	88
	积极聆听	88
金融类	时间管理	89
	谈判技能	86
	有效的口头沟通	87
财务会计类	有效的口头沟通	87
	服务他人	89
	财务管理	89
经济贸易类	积极聆听	90
	积极学习	88
	有效的口头沟通	88
工商管理类	积极学习	87
	理解他人	90
	有效的口头沟通	88
市场营销类	说服他人	84
	积极学习	87
	有效的口头沟通	88
电子商务类	时间管理	88
	理解他人	90
	积极学习	87
物流类	理解他人	89
	服务他人	89
	有效的口头沟通	87
旅游类	积极聆听	90
	理解他人	90
	服务他人	92

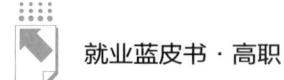

续表

专业类名称	最重要的前3项基本工作能力	能力满足度
餐饮类	理解他人	90
	服务他人	92
	有效的口头沟通	88
艺术设计类	理解他人	89
	有效的口头沟通	86
	技术设计	83
表演艺术类	积极学习	86
	有效的口头沟通	87
	指导他人	89
广播影视类	积极聆听	89
	有效的口头沟通	86
	理解他人	87
教育类	学习方法	88
	指导他人	89
	理解他人	89
语言类	积极聆听	90
	理解他人	90
	有效的口头沟通	88
公共事业类	理解他人	85
	服务他人	84
	有效的口头沟通	85
公共管理类	积极学习	88
	理解他人	88
	有效的口头沟通	86

注：个别专业类因为样本较少，没有包括在内。
资料来源：麦可思－中国2021届大学毕业生培养质量跟踪评价。

二　在校素养提升

素养提升：由毕业生选择大学帮助自己在哪些方面素养得到明显提升。一个毕业生可选择多项，也可选择"没有任何帮助"。工程类、艺术类、医学类、商科类专业在素养培养上有各自的特点，故这里的素养提升选项有所不同，具体描述见表9-4。

表9-4　不同类型专业素养提升选项

专业类型	素养提升选项	专业类型	素养提升选项
工程类	诚实守信	医学类	包容精神
	工程安全		诚实守信
	关注社会		关注社会
	环境意识		积极努力、追求上进
	积极努力、追求上进		健康卫生
	开拓创新		科学态度
	乐于助人		乐于助人
	人生的乐观态度		人生的乐观态度
	团队合作		职业道德
	遵纪守法		遵纪守法
艺术类	包容精神	商科类	包容精神
	诚实守信		诚实守信
	创新精神		环境意识
	关注社会		积极努力、追求上进
	环境意识		乐于助人
	积极努力、追求上进		人生的乐观态度
	乐于助人		商业道德
	人生的乐观态度		社会责任
	艺术修养		团队合作
	遵纪守法		遵纪守法

续表

专业类型	素养提升选项	专业类型	素养提升选项
其他类	包容精神		
	诚实守信		
	关注社会		
	环境意识		
	积极努力、追求上进		
	乐于助人		
	勤俭朴素		
	人生的乐观态度		
	人文美学		
	遵纪守法		

立德树人是高校人才培养的根本任务，对学生在校期间的素养提升情况需持续关注。整体来看，大学帮助毕业生在"积极努力、追求上进""人生的乐观态度""遵纪守法"等方面均获得了明显提升。毕业生在校期间所培养和提升的乐观向上、积极进取等素养有助于其在毕业季完成自我角色转换、做好就业心理准备。此外，不同专业在素养培养上表现的特点有所差异，具体如下。

对于工程类专业毕业生来说，OBE的工程教育要求工程人才不仅应懂得运用所学知识解决实际工程问题，还应具备相应的职业素养，包括团队合作、对社会和环境的责任、法律意识等。从数据来看，2021届高职工程类专业有96%的毕业生认为学校帮助自己获得了素养上的提升，多数素养提升效果均达到或超过2020届水平。其中，"遵纪守法""团队合作""关注社会""环境意识""工程安全"方面提升比例分别为76%、69%、59%、57%、51%（见图9-8）。当前"工程安全""环境意识""关注社会"方面培养效果仍相对较弱，相关专业可关注课程对相关素养提升的支撑情况。

高职毕业生能力分析

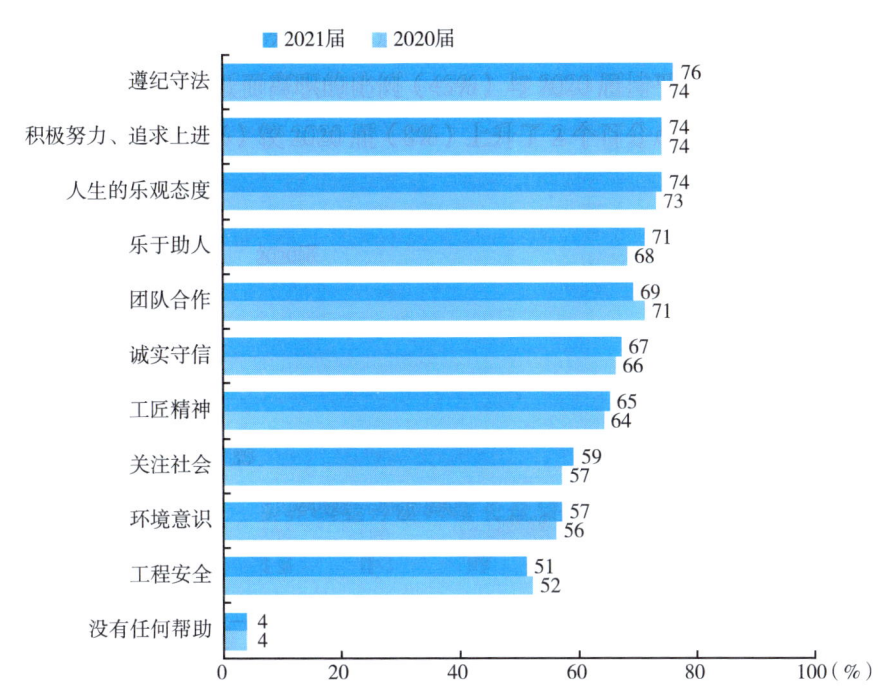

图 9-8　2021届高职工程类专业毕业生在校期间的素养提升（多选）

素养	2021届	2020届
遵纪守法	76	74
积极努力、追求上进	74	74
人生的乐观态度	74	73
乐于助人	71	68
团队合作	69	71
诚实守信	67	66
工匠精神	65	64
关注社会	59	57
环境意识	57	56
工程安全	51	52
没有任何帮助	4	4

资料来源：麦可思－中国2021届大学毕业生培养质量跟踪评价。

艺术类专业毕业生在校期间积极进取、乐观态度、遵纪守法、艺术修养方面提升更为明显。从数据来看，2021届高职艺术类专业有95%的毕业生认为大学帮助自己获得了素养上的提升，多数素养提升效果均达到或超过2020届水平。其中，认为在校期间自身素养提升较高的方面为"积极努力、追求上进"（74%）、"人生的乐观态度"（72%）、"遵纪守法"（72%）、"艺术修养"（69%）（见图9-9）。

医学类专业毕业生在校期间遵纪守法、积极进取、乐观态度、职业道德方面提升更为明显。从数据来看，2021届高职医学类专业有96%的毕业生认为大学帮助自己获得了素养上的提升，各项素养提升比例均高于2020届。其中，认为在校期间自身素养提升较高的方面为"遵纪守法"

就业蓝皮书·高职

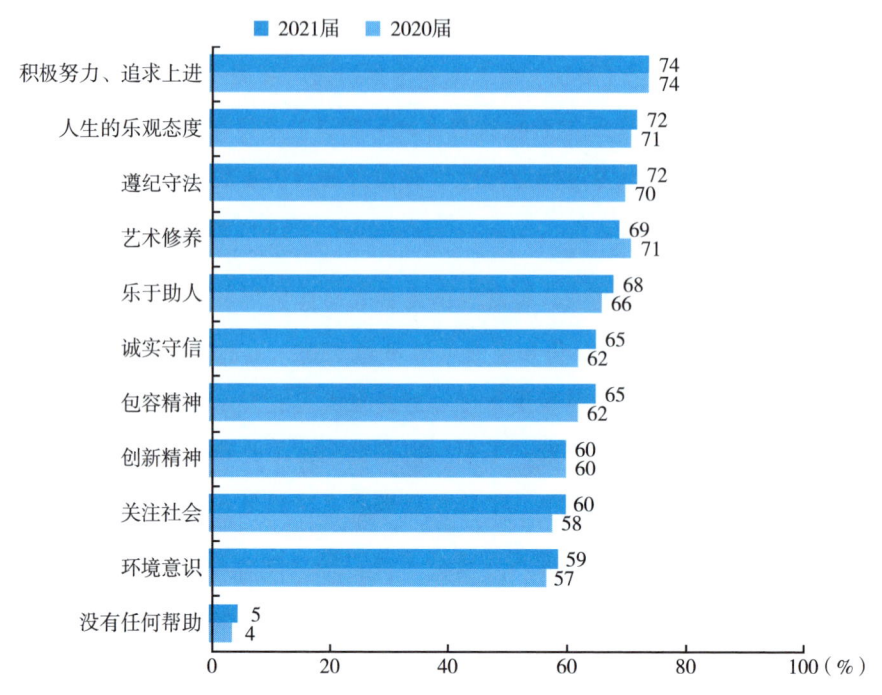

图 9-9　2021届高职艺术类专业毕业生在校期间的素养提升（多选）

资料来源：麦可思－中国2021届大学毕业生培养质量跟踪评价。

（79%）、"积极努力、追求上进"（78%）、"人生的乐观态度"（75%）、"职业道德"（74%）。另外，"科学态度""关注社会"方面提升比例（分别为57%、60%）相对较低，相关专业可关注教学与实践活动对这类素养提升的支撑情况（见图9-10）。

商科类专业毕业生在校期间积极进取、遵纪守法、乐观态度方面提升更为明显。从数据来看，2021届高职商科类专业有97%的毕业生认为学校帮助自己获得了素养上的提升，多数素养提升效果均达到或超过2020届水平。其中，认为在校期间自身素养提升较高的方面为"积极努力、追求上进"（77%）、"遵纪守法"（76%）、"人生的乐观态度"（75%）。另外，"商业道德"方面提升比例（54%）相对较低，相关专业可有针对性地强化学生的商业道

高职毕业生能力分析

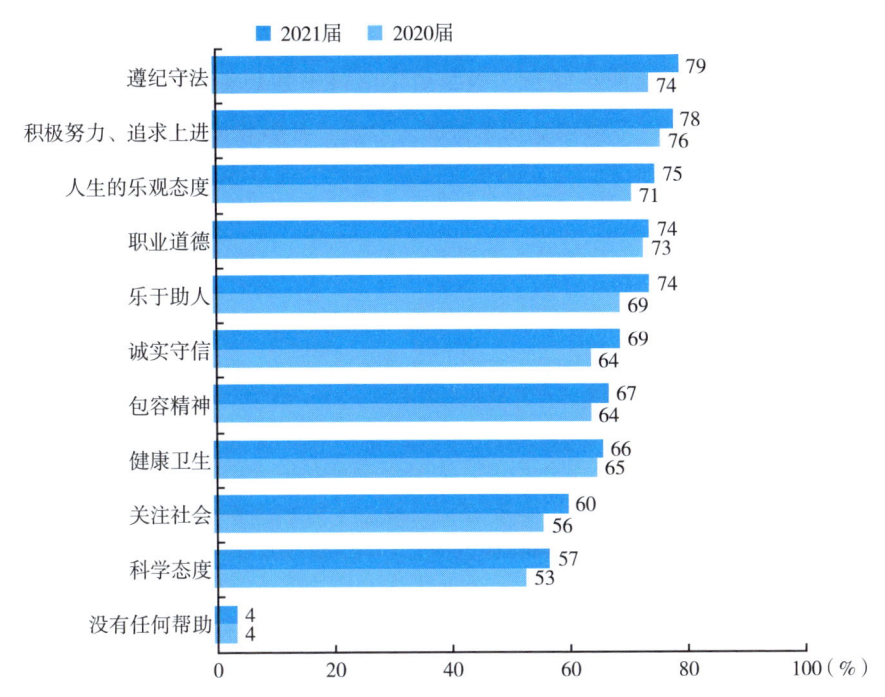

图 9-10　2021届高职医学类专业毕业生在校期间的素养提升（多选）

资料来源：麦可思－中国2021届大学毕业生培养质量跟踪评价。

德意识（见图9-11）。

其他类专业毕业生在校期间积极进取、乐观态度、遵纪守法方面提升更为明显。从数据来看，2021届高职其他类专业有97%的毕业生认为大学帮助自己获得了素养上的提升，多数素养提升效果均达到或超过2020届水平。其中，认为在校期间自身素养提升较高的方面为"积极努力、追求上进"（77%）、"人生的乐观态度"（75%）、"遵纪守法"（75%）（见图9-12）。

143

就业蓝皮书·高职

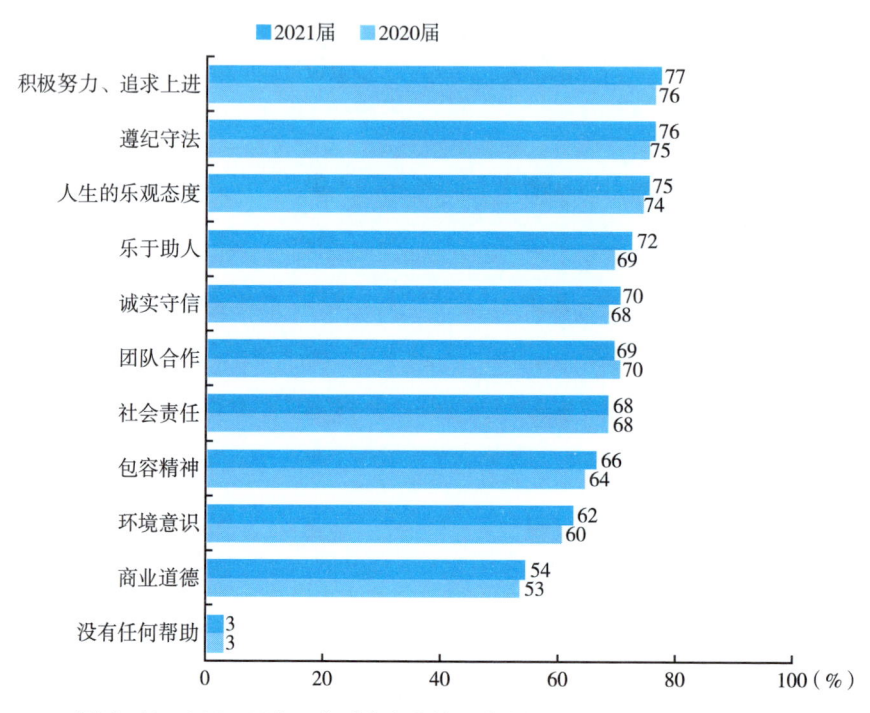

素养	2021届	2020届
积极努力、追求上进	77	76
遵纪守法	76	75
人生的乐观态度	75	74
乐于助人	72	69
诚实守信	70	68
团队合作	69	70
社会责任	68	68
包容精神	66	64
环境意识	62	60
商业道德	54	53
没有任何帮助	3	3

图 9-11　2021 届高职商科类专业毕业生在校期间的素养提升（多选）

资料来源：麦可思 - 中国 2021 届大学毕业生培养质量跟踪评价。

高职毕业生能力分析

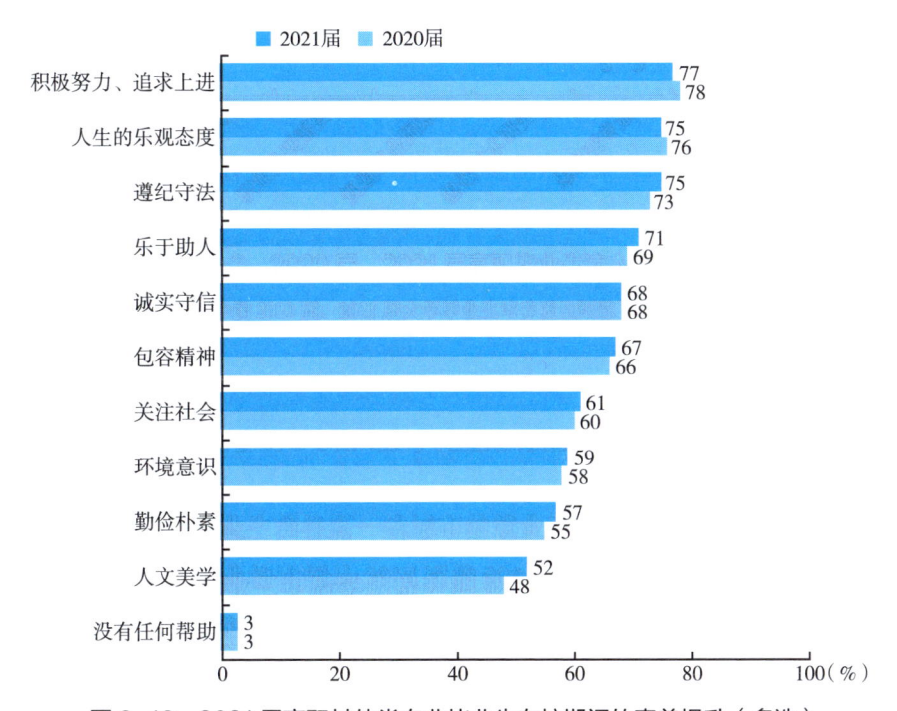

素养	2021届	2020届
积极努力、追求上进	77	78
人生的乐观态度	75	76
遵纪守法	75	73
乐于助人	71	69
诚实守信	68	68
包容精神	67	66
关注社会	61	60
环境意识	59	58
勤俭朴素	57	55
人文美学	52	48
没有任何帮助	3	3

图 9-12　2021届高职其他类专业毕业生在校期间的素养提升（多选）

注：此处其他类专业是指高职除工程类、艺术类、医学类、商科类之外的专业。
资料来源：麦可思-中国2021届大学毕业生培养质量跟踪评价。

B.10
高职毕业生对学校的满意度分析

摘　要： 校友评价对高职院校改进教学、优化学生在校体验、提升办学水平具有重要参考作用。通过对校友满意度、学生工作与服务满意度的分析发现，毕业生对母校的满意度稳步提升，反映出学生对高等职业教育教学与服务水平的认可程度进一步提升。与此同时，毕业生对母校教学的满意度呈上升趋势，高职教学工作持续优化，核心课程培养效果逐年提升。需要关注的是，疫情防控常态化下，线上教学的技术平台、实施条件还有待持续改善。在求职、学生工作、生活服务满意度上均提升较多。

关键词： 母校满意度　教学改进　课程评价　线上教学　高职生

一　对母校的总体满意度

毕业生对母校的满意度[①]稳步提升，可见毕业生对高等职业教育教学与服务水平进一步认可。从近五年的数据来看，毕业生对母校的满意度从2017届的90%上升到2021届的93%，五年内上升了3个百分点。从不同院校类型来看，"双高"院校毕业生对母校的满意度趋于稳定，其他高职院校毕业生

---

① **对母校的总体满意度：** 由毕业生回答对母校的总体满意度，选项有"很满意""满意""不满意""很不满意""无法评估"共五项。其中，"满意""很满意"属于满意的范围，"不满意""很不满意"属于不满意的范围。对母校的总体满意度是回答满意范围的人数百分比，计算公式的分子是回答满意范围的人数，分母是回答不满意范围和满意范围的总人数。

对母校的满意度稳步上升，与"双高"院校的差距逐渐缩小（见图10-1、图10-2）。

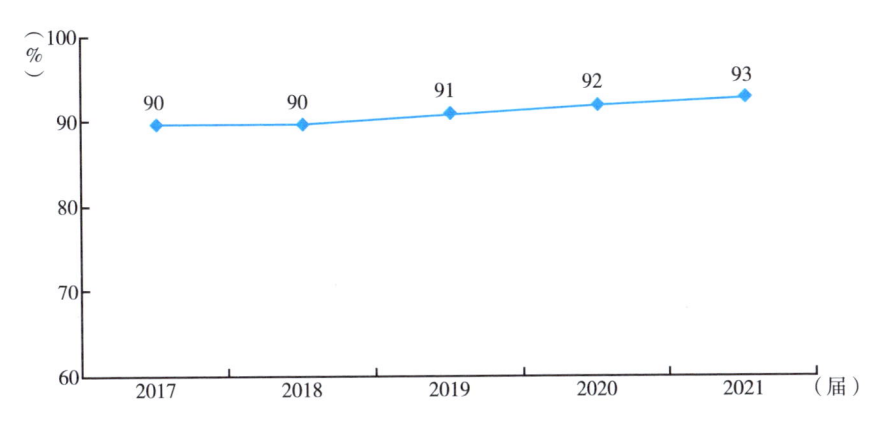

图10-1 2017~2021届高职毕业生对母校的总体满意度变化趋势

资料来源：麦可思－中国2017~2021届大学毕业生培养质量跟踪评价。

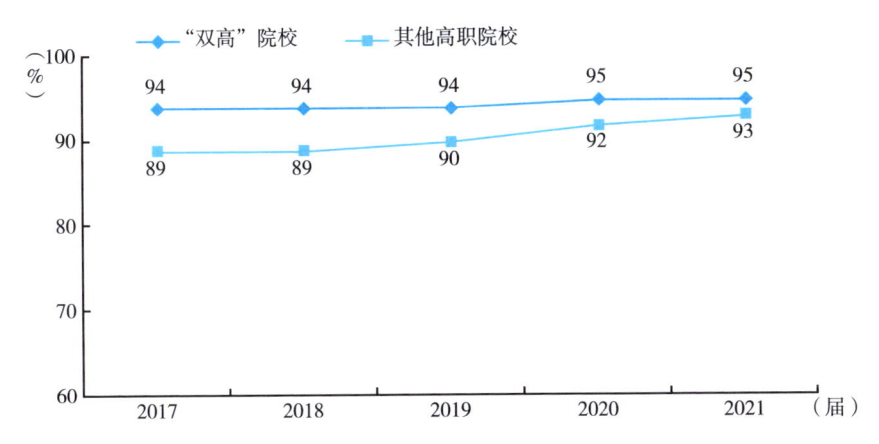

图10-2 2017~2021届各类高职院校毕业生对母校的总体满意度变化趋势

资料来源：麦可思－中国2017~2021届大学毕业生培养质量跟踪评价。

二 学生服务满意度

（一）教学满意度

教学满意度①稳中有升，教学工作不断优化。从近五年的数据来看，高职毕业生对母校教学的满意度呈上升趋势，由2017届的90%上升至2021届的92%。从不同院校类型来看，"双高"院校毕业生对母校的教学满意度更高，2021届为95%；其他高职院校2021届为91%（见图10-3、图10-4）。

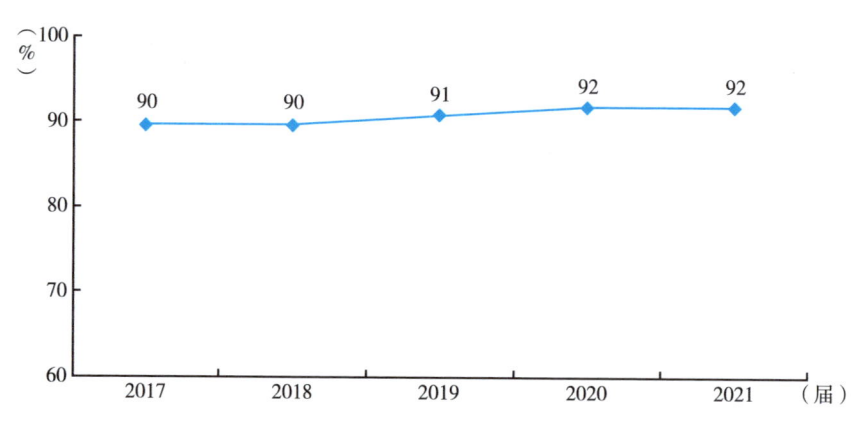

图10-3 2017~2021届高职毕业生对母校的教学满意度变化趋势

资料来源：麦可思-中国2017~2021届大学毕业生培养质量跟踪评价。

实践教学是高职教学工作重点改进的方面。当前高职院校对教学的改进已取得了一定成效，毕业生对母校教学各方面的改进需求普遍有所下降。具体来看，2021届有55%的毕业生认为实习和实践环节不够，较2020届（57%）下降了2个百分点。需要注意的是，2021届毕业生认为多媒体、网络教学效果不好的比例（25%）较2020届（23%）上升了2个百分点，疫情以来线上、

---

① **教学满意度**：由毕业生回答对母校的教学满意度，选项有"很满意""满意""不满意""很不满意""无法评估"共五项。其中，"满意""很满意"属于满意的范围，"不满意""很不满意"属于不满意的范围。教学满意度是回答满意范围的人数百分比，计算公式的分子是回答满意范围的人数，分母是回答不满意范围和满意范围的总人数。

高职毕业生对学校的满意度分析

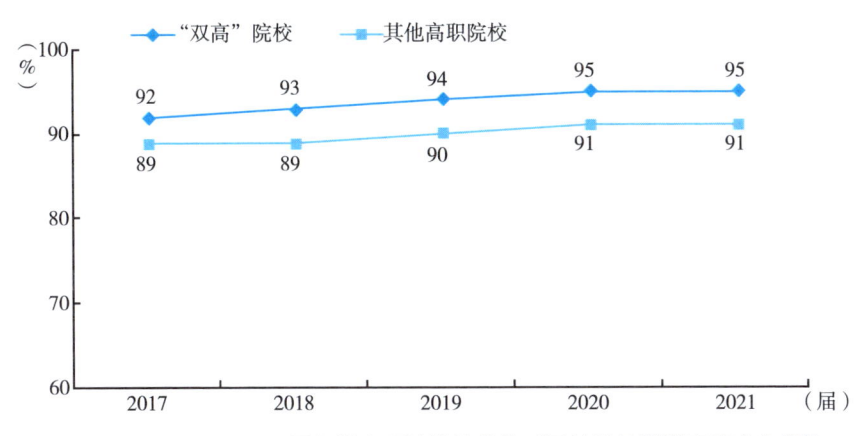

图10-4 2017~2021届各类高职院校毕业生对母校的教学满意度变化趋势

资料来源：麦可思－中国2017~2021届大学毕业生培养质量跟踪评价。

线下混合式教学模式越来越普遍，相关院校需注重强化任课教师运用信息化技术手段开展教学的能力，从而更好地确保疫情防控常态化背景下教学工作的开展效果（见图10-5）。

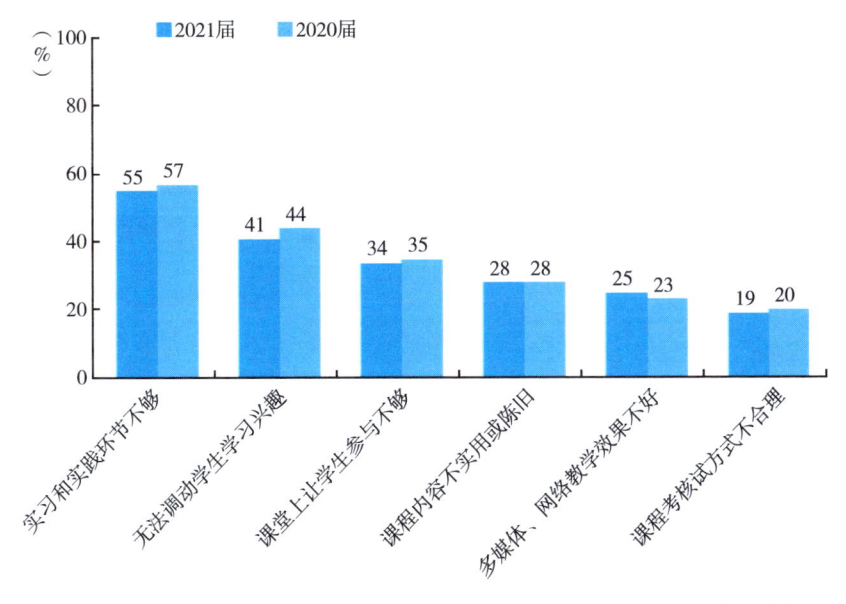

图10-5 2020届、2021届高职毕业生认为母校的教学需要改进的地方

资料来源：麦可思－中国2020届、2021届大学毕业生培养质量跟踪评价。

（二）核心课程评价

高职课程设置与实际工作岗位需求整体匹配程度保持稳定。从近五年的数据来看，高职从事专业相关工作的毕业生对核心课程的重要度[①]评价基本持稳，2021届为89%。从不同院校类型来看，其他高职院校核心课程重要度整体略高于"双高"院校，2021届"双高"院校和其他高职院校毕业生对核心课程的重要度评价分别为87%、89%（见图10-6、图10-7）。

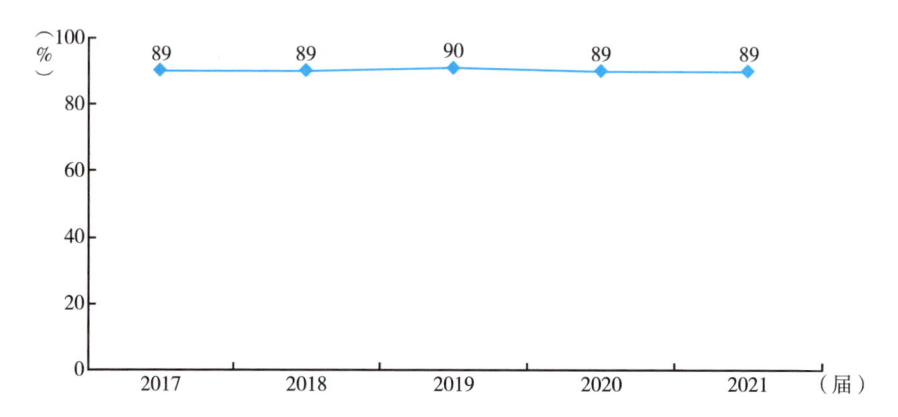

图10-6 2017~2021届高职工作与专业相关毕业生的核心课程重要度变化趋势

资料来源：麦可思－中国2017~2021届大学毕业生培养质量跟踪评价。

核心课程培养效果逐年提升。从近五年的数据来看，高职从事专业相关工作的毕业生对核心课程的满足度[②]稳步提升，从2017届的77%上升至2021届的85%，上升了8个百分点。从不同院校类型来看，"双高"院校核心课程满足度从2017届的76%上升至2021届的84%，其他高职院校从2017届的77%上升至2021届的85%，五年内均上升了8个百分点（见图10-8、图10-9）。

---

① **课程的重要度**：由从事专业相关工作的毕业生判定课程在自己的工作中是否重要。毕业生关于课程对工作的重要度评价分为"无法评估""不重要""有些重要""重要""非常重要""极其重要"，其中"有些重要""重要""非常重要""极其重要"属于重要的范围。

② **课程的满足度**：回答了课程"有些重要"到"极其重要"的毕业生会被要求回答课程训练是否满足工作要求。满足度指标是回答某课程能满足工作要求人数的百分比，计算公式的分子是回答"满足"的人数，分母是回答"满足"和"不满足"的总人数。

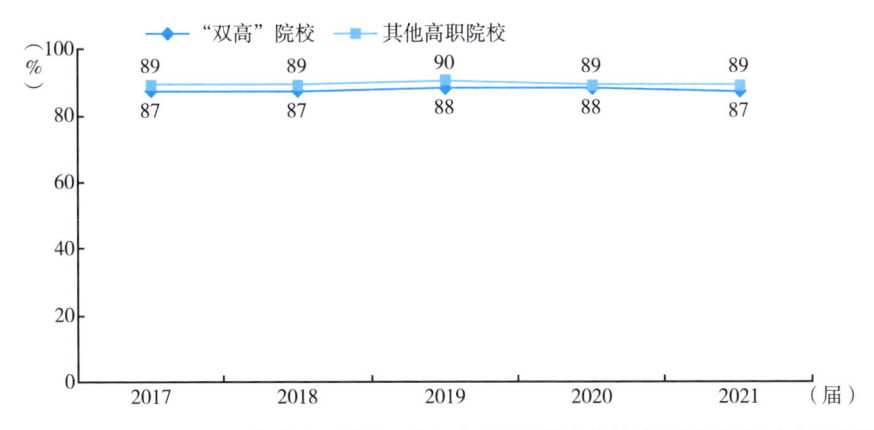

图 10-7 2017~2021 届各类高职院校工作与专业相关毕业生的核心课程重要度变化趋势

资料来源：麦可思－中国 2017~2021 届大学毕业生培养质量跟踪评价。

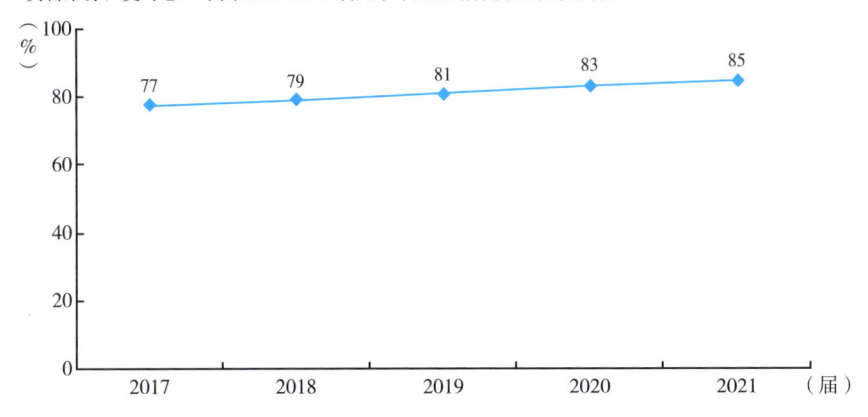

图 10-8 2017~2021 届高职工作与专业相关毕业生的核心课程满足度变化趋势

资料来源：麦可思－中国 2017~2021 届大学毕业生培养质量跟踪评价。

从不同专业大类来看，医药卫生大类、教育与体育大类、公共管理与服务大类核心课程重要度及满足度均较高；电子信息大类核心课程重要度及满足度均相对较低。具体来看，医药卫生大类、教育与体育大类、公共管理与服务大类的核心课程重要度评价分别为 96%、94%、93%，满足度评价分别为 89%、92%、89%，核心课程设置及培养效果均较好；电子信息大类的核心课程重要度和满足度评价（分别为 78%、76%）均排名靠后（见图 10-10）。电子信息大类所面向的新一代信息技术产业发展较快，知识、技术等更新换代较为频繁，课程内容设置需要及时更新以适应产业发展的趋势。

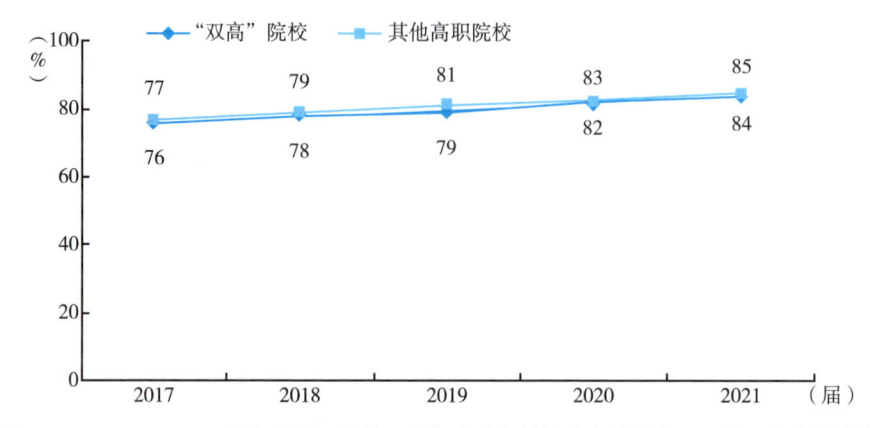

图 10-9　2017~2021 届各类高职院校工作与专业相关毕业生的核心课程满足度变化趋势

资料来源：麦可思－中国 2017~2021 届大学毕业生培养质量跟踪评价。

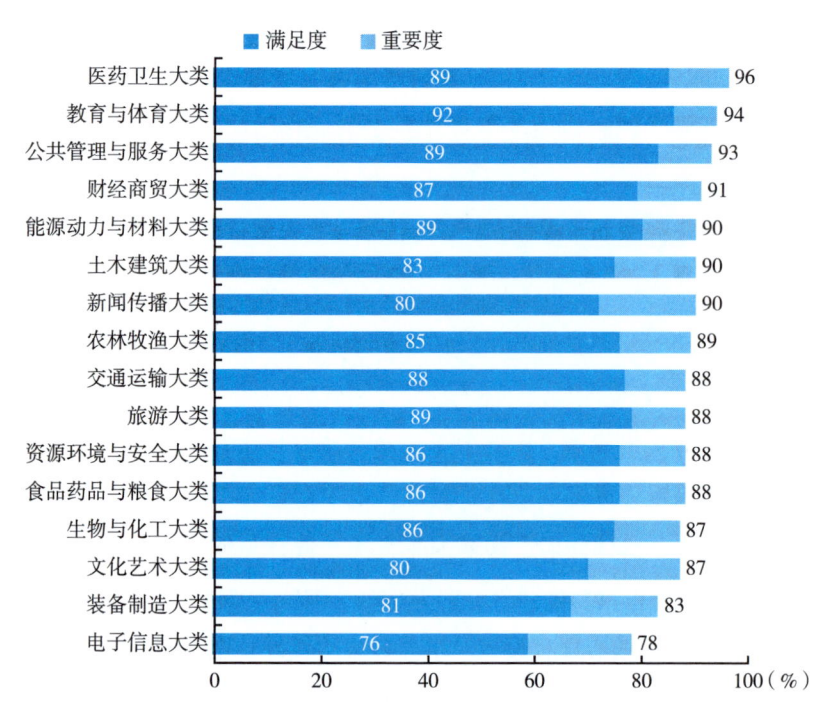

图 10-10　2021 届高职各专业大类工作与专业相关毕业生的核心课程重要度和满足度评价

注：个别专业大类因为样本较少，没有包括在内。
资料来源：麦可思－中国 2021 届大学毕业生培养质量跟踪评价。

专业大类	满足度	重要度
医药卫生大类	89	96
教育与体育大类	92	94
公共管理与服务大类	89	93
财经商贸大类	87	91
能源动力与材料大类	89	90
土木建筑大类	83	90
新闻传播大类	80	90
农林牧渔大类	85	89
交通运输大类	88	88
旅游大类	89	88
资源环境与安全大类	86	88
食品药品与粮食大类	86	88
生物与化工大类	86	87
文化艺术大类	80	87
装备制造大类	81	83
电子信息大类	76	78

（三）师生交流频度

六成以上毕业生与任课教师课下交流频繁。具体来看，2021届有63%的毕业生与任课教师"每周至少一次"或"每月至少一次"课下交流，其中"双高"院校毕业生与任课教师"每周至少一次"或"每月至少一次"课下交流比例（63%）与其他高职院校（62%）基本持平。师生互动是高职教法改革的重点内容之一，相关院校和专业可进一步完善相应机制，从而更好地促进师生之间的有效互动与交流（见图10-11）。

图10-11 2021届高职毕业生与任课教师课下交流程度

资料来源：麦可思-中国2021届大学毕业生培养质量跟踪评价。

从不同专业大类来看，与任课教师"每周至少一次"或"每月至少一次"课下交流程度较高的是资源环境与安全大类（69%）、生物与化工大类（68%）、能源动力与材料大类（68%）、文化艺术大类（67%），较低的是医药卫生大类（56%）、公共管理与服务大类（57%）、财经商贸大类（58%）、旅游大类（59%）（见图10-12）。

（四）求职服务满意度

就业指导服务是高校学生服务工作的重要组成部分。数据显示，高职院

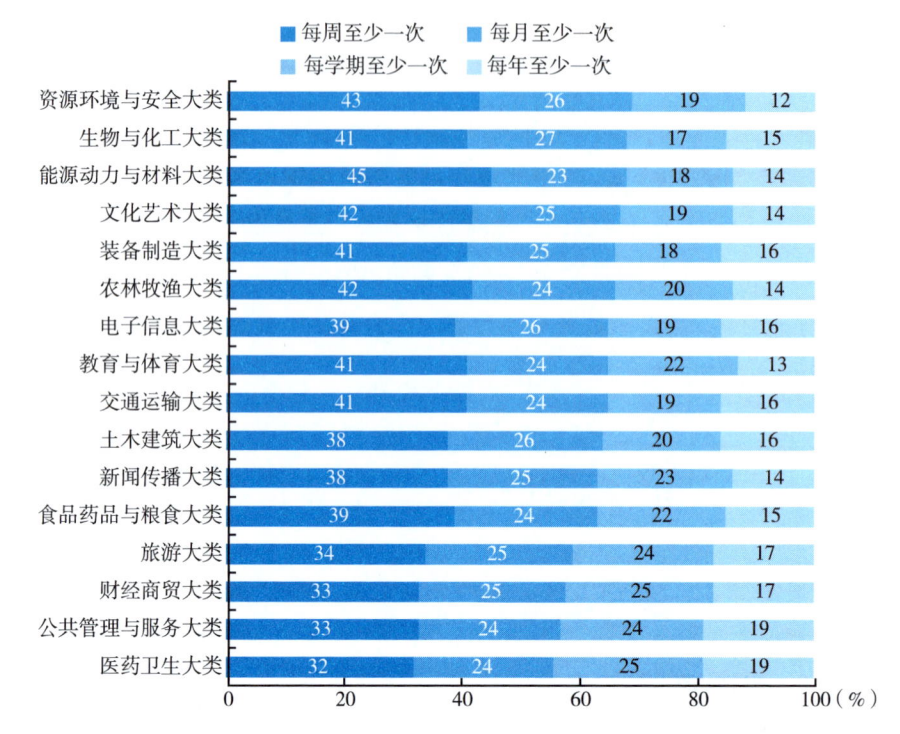

图例:■每周至少一次 ■每月至少一次 ■每学期至少一次 ■每年至少一次

专业大类	每周至少一次	每月至少一次	每学期至少一次	每年至少一次
资源环境与安全大类	43	26	19	12
生物与化工大类	41	27	17	15
能源动力与材料大类	45	23	18	14
文化艺术大类	42	25	19	14
装备制造大类	41	25	18	16
农林牧渔大类	42	24	20	14
电子信息大类	39	26	19	16
教育与体育大类	41	24	22	13
交通运输大类	41	24	19	16
土木建筑大类	38	26	20	16
新闻传播大类	38	25	23	14
食品药品与粮食大类	39	24	22	15
旅游大类	34	25	24	17
财经商贸大类	33	25	25	17
公共管理与服务大类	33	24	24	19
医药卫生大类	32	24	25	19

图 10-12　2021 届高职各专业大类毕业生与任课教师课下交流程度

注：个别专业大类因为样本较少，没有包括在内。
资料来源：麦可思-中国 2021 届大学毕业生培养质量跟踪评价。

校就业指导相关工作成效显著，毕业生对母校就业指导服务的满意度[①]持续上升，就业指导工作开展效果不断增强。从近五年的数据来看，毕业生对母校就业指导服务的满意度由 2017 届的 82% 持续上升至 2021 届的 90%，五年内上升了 8 个百分点（见图 10-13）。就业指导服务工作的有效开展为毕业生顺利落实就业提供了坚实的保障。

从不同院校类型来看，"双高"院校、其他高职院校均表现出持续上升的

---

① **就业指导服务满意度**：由毕业生回答对母校就业指导服务的满意度，选项有"很满意""满意""不满意""很不满意""无法评估"共五项。其中，"满意""很满意"属于满意的范围，"不满意""很不满意"属于不满意的范围。就业指导服务满意度是回答满意范围的人数百分比，计算公式的分子是回答满意范围的人数，分母是回答不满意范围和满意范围的总人数。

趋势，且"双高"院校毕业生对就业指导服务工作的认可程度更高。2021届"双高"院校、其他高职院校就业指导服务满意度分别达到92%、89%（见图10-14）。

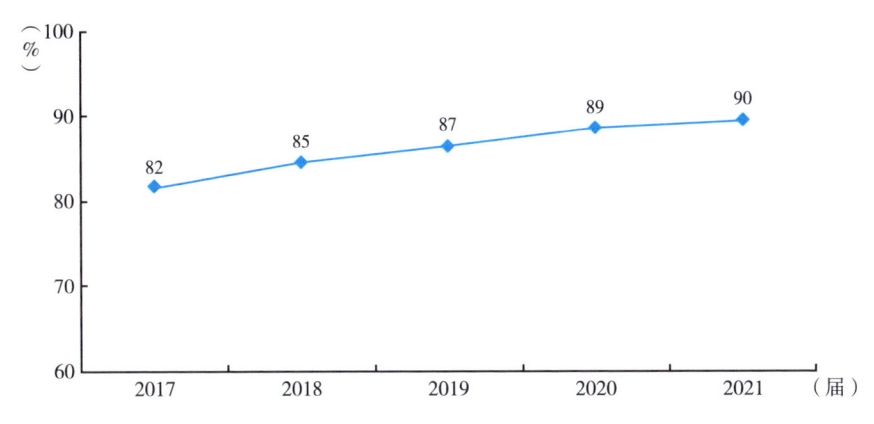

图10-13 2017~2021届高职毕业生对就业指导服务的满意度变化趋势

资料来源：麦可思－中国2017~2021届大学毕业生培养质量跟踪评价。

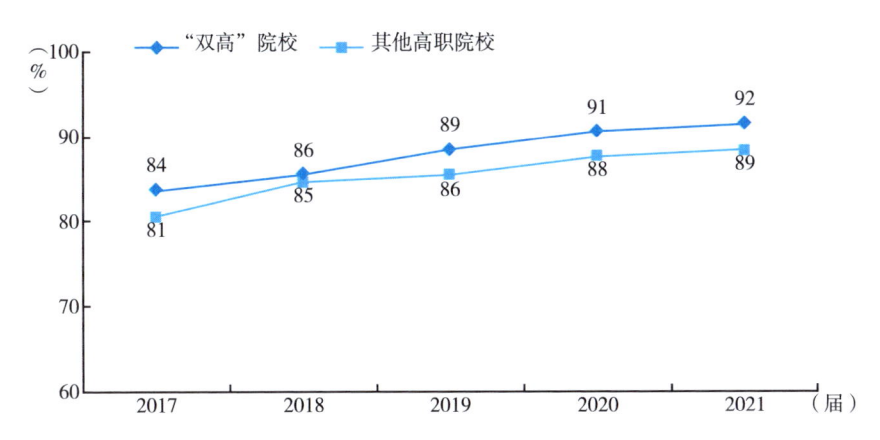

图10-14 2017~2021届各高职院校毕业生对就业指导服务的满意度变化趋势

资料来源：麦可思－中国2017~2021届大学毕业生培养质量跟踪评价。

从学校开展的具体求职服务来看，近八成（79%）毕业生接受过母校提供的求职服务。其中，参与最多的是"大学组织的线下招聘会"（47%），其次是"职业发展规划"(30%)。

从有效性来看,毕业生对"辅导求职技能"的有效性评价(93%)最高,对"大学组织的线下招聘会"的有效性评价(86%)相对较低(见图10-15)。高校求职服务整体上得到了毕业生的基本认可,当然后续各类线上、线下招聘活动的组织开展工作可持续完善,以满足疫情防控常态化防控的要求,并不断拓展就业服务工作边界,从而更好地促进毕业生的就业落实与发展。

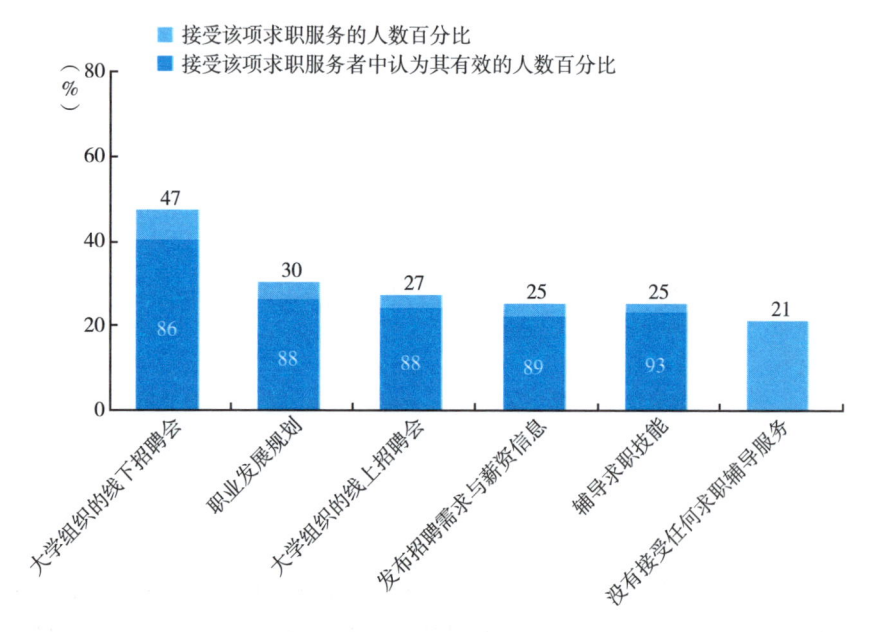

图 10-15 2021 届高职毕业生接受过求职服务的比例及有效性评价

资料来源:麦可思–中国2021届大学毕业生培养质量跟踪评价。

从毕业生获得第一份工作的渠道来看,有25%的高职毕业生通过"实习/顶岗实习"获得第一份工作,其次是"通过专业求职网站(包括App、论坛、微信公众号等)"(24%),相比2020届(分别为23%、22%)均上升了2个百分点。此外,毕业生通过"本大学的招聘活动或发布的招聘信息"获得第一份工作的比例(15%)较2020届(20%)下降了5个百分点,这可能与疫情反弹带来的阶段性影响有关(见图10-16)。

高职毕业生对学校的满意度分析

```
实习/顶岗实习                                    25
通过专业求职网站（包括App、
     论坛、微信公众号等）                         24
通过朋友和亲戚得到招聘信息                    17
本大学的招聘活动或发布的招聘信息            15
直接向用人单位申请                               12
学校直接介绍工作                                   3
参加政府或其他大学组织的招聘活动              2
订单式培养                                             2
          0    10    20    30    40    50(%)
```

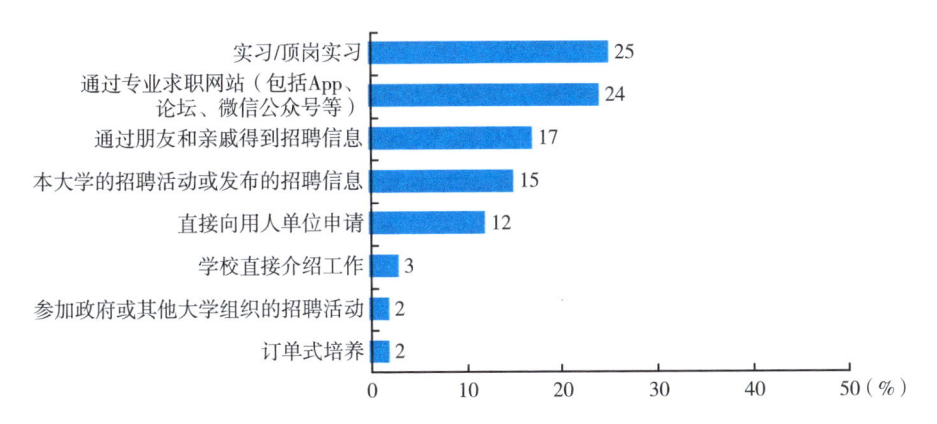

图 10-16　2021 届高职毕业生获得第一份工作的渠道分布

资料来源：麦可思－中国2021届大学毕业生培养质量跟踪评价。

（五）学生工作满意度

毕业生对母校学生工作的满意度[①]呈上升趋势，育人工作效果持续改善。从近五年的数据来看，毕业生对学生工作的满意度由2017届的86%上升到了2021届的91%，学生工作的开展效果进一步显现。从不同院校类型来看，"双高"院校、其他高职院校毕业生对母校学生工作的满意度均表现出持续上升的趋势，2021届分别达到92%、91%（见图10-17、图10-18）。

另外，在毕业生对母校学生工作的改进反馈中，与辅导员或班主任接触时间太少、学生社团活动组织不够好以及解决学生问题不及时仍是毕业生反馈较为集中的改进点，但均较2020届有所改善（见图10-19）。

---

① **学生工作满意度：** 由毕业生回答对母校的学生工作满意度，选项有"很满意""满意""不满意""很不满意""无法评估"共五项。其中，"满意""很满意"属于满意的范围，"不满意""很不满意"属于不满意的范围。学生工作满意度是回答满意范围的人数百分比，计算公式的分子是回答满意范围的人数，分母是回答不满意范围和满意范围的总人数。

157

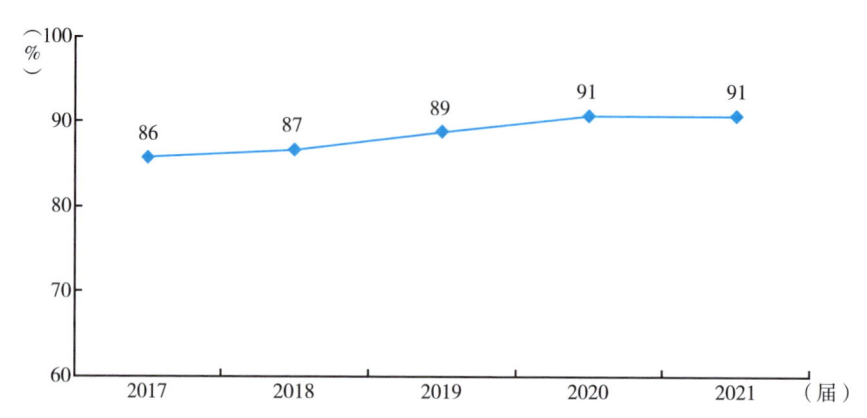

图 10-17　2017~2021 届高职毕业生对母校的学生工作满意度变化趋势

资料来源：麦可思－中国 2017~2021 届大学毕业生培养质量跟踪评价。

图 10-18　2017~2021 届各高职院校毕业生对母校的学生工作满意度变化趋势

资料来源：麦可思－中国 2017~2021 届大学毕业生培养质量跟踪评价。

（六）生活服务满意度

毕业生对母校生活服务的满意度[①]呈上升趋势，后勤服务工作不断优化。

---

① **生活服务满意度**：由毕业生回答对母校的生活服务满意度，选项有"很满意""满意""不满意""很不满意""无法评估"共五项。其中，"满意""很满意"属于满意的范围，"不满意""很不满意"属于不满意的范围。生活服务满意度是回答满意范围的人数百分比，计算公式的分子是回答满意范围的人数，分母是回答不满意范围和满意范围的总人数。

高职毕业生对学校的满意度分析

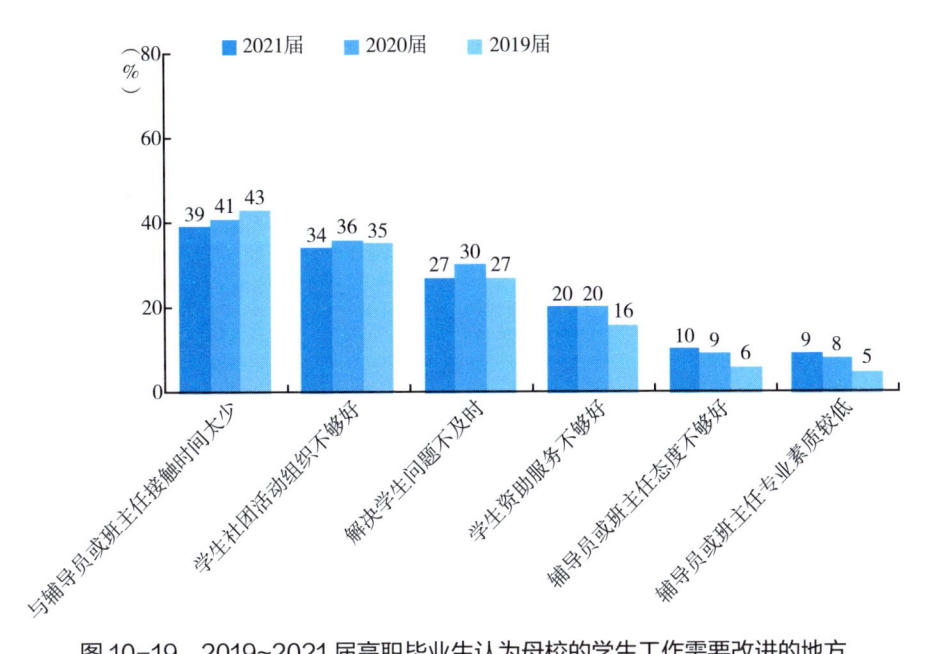

图 10-19　2019~2021 届高职毕业生认为母校的学生工作需要改进的地方

资料来源：麦可思－中国 2019~2021 届大学毕业生培养质量跟踪评价。

从近五年的数据来看，毕业生对生活服务的满意度由 2017 届的 86% 稳步上升到 2021 届的 92%，五年之内上升了 6 个百分点。从不同院校类型来看，"双高"院校、其他高职院校毕业生对母校生活服务的满意度均呈现上升的趋势，2021 届分别达到 93%、92%（见图 10-20、图 10-21）。

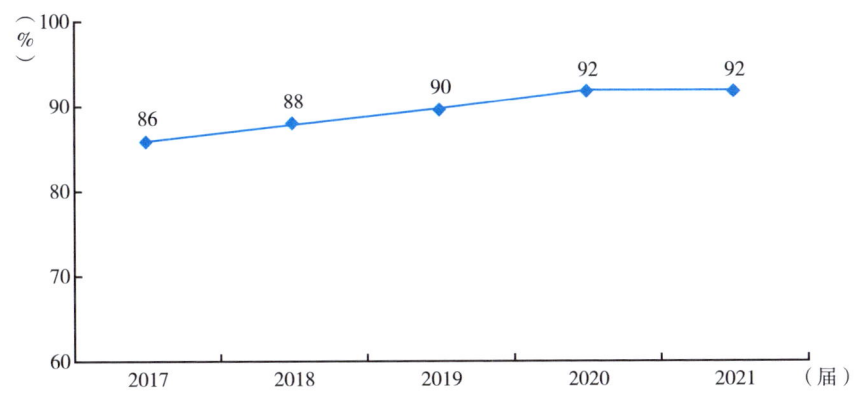

图 10-20　2017~2021 届高职毕业生对母校的生活服务满意度变化趋势

资料来源：麦可思－中国 2017~2021 届大学毕业生培养质量跟踪评价。

159

就业蓝皮书·高职

另外，2021届有超过三成的高职毕业生表示希望学校食堂饭菜质量及服务、宿舍服务、洗浴服务进一步改进。上述方面是影响学生在校生活体验的重要因素，相关院校可有针对性地改善（见图10-22）。

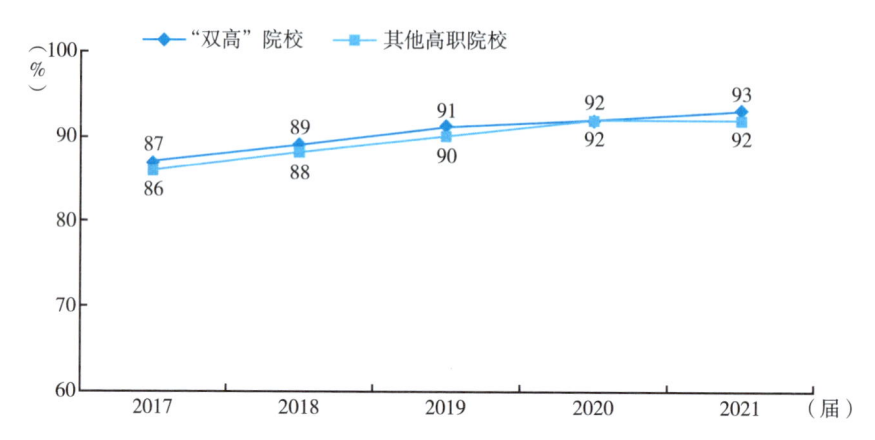

图10-21　2017~2021届各高职院校毕业生对母校的生活服务满意度变化趋势

资料来源：麦可思－中国2017~2021届大学毕业生培养质量跟踪评价。

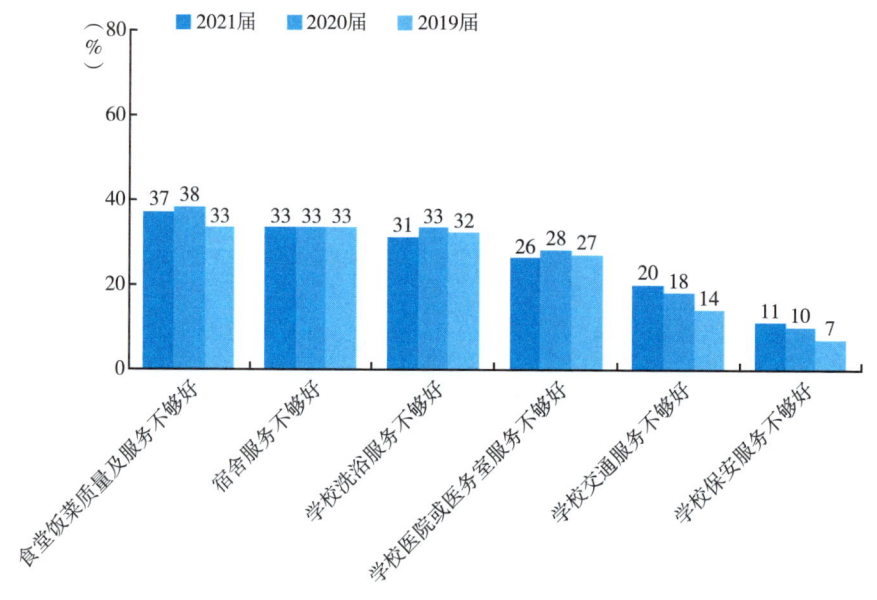

图10-22　2019~2021届高职毕业生认为母校的生活服务需要改进的地方

资料来源：麦可思－中国2019~2021届大学毕业生培养质量跟踪评价。

专题报告

Special Reports

B.11 疫情防控常态化背景下高职生就业供需结构变化

摘　要： 疫情以来专升本进一步扩招，在缓解当前就业压力的同时，需要关注2~3年后的就业压力。除了升学群体面临滞后就业压力外，就业群体也面临新的变化和挑战，其中，房屋建筑、房地产相关领域受政策调控等因素影响，对高职毕业生的吸纳数量均有下降；疫情防控常态化时期服务行业依然面临阶段性影响，酒店、旅游服务类岗位需持续重点关注。与此同时，基础设施建设、医疗护理、幼儿教育等民生领域对毕业生的吸纳数量稳中有升；制造业保持稳步发展，为毕业生就业提供了保障，但相关专业人才培养环节仍需改进。

关键词： 疫情防控常态化　去向分布　行业变化　人才培养　高职生

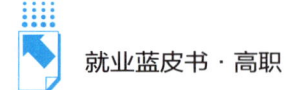

"十四五"时期现代产业体系将进一步加快发展,产业转型升级持续深入推进,这对高等职业教育人才培养环节提出了更高要求;与此同时,自疫情以来部分行业受到较大冲击,给毕业生的就业与发展带来挑战。毕业生就业有什么变化特点?高职院校人才培养以及就业指导工作需要做什么适应性改进?

本专题将通过分析高职毕业生的去向分布变化、在主要行业就业的变化特点,了解人才培养过程中可能存在的不足,从而为高校人才培养工作的持续改进提供参考方向。

一 毕业生去向分布变化

专升本扩招延缓了就业总量压力,滞后的就业压力需要关注。当前就业总量压力持续高位运行,且局部地区疫情反弹等因素给毕业生去向落实增加了难度。但与此同时,由于专升本的扩招,应届高职毕业生读本科比例大幅上升,缓解了当前就业总量的压力,对就业起到了缓冲作用。数据显示,2020届高职毕业生读本科比例(15.3%)相比2019届(7.6%)翻了一番;2021届高职毕业生读本科比例(19.3%)在2020届的基础上进一步提升,已接近20%(见表11-1)。当然,专升本规模的扩大会给2~3年后的就业带来一定挑战,滞后的就业压力需要给予持续关注。

表11-1 2017~2021届高职毕业生各类去向分布的变化趋势

单位:%

去向类型	2021届	2020届	2019届	2018届	2017届
就业或入伍	71.3	75.6	84.3	86.2	87.1
读本科	19.3	15.3	7.6	6.3	5.4
未就业	9.4	9.1	8.1	7.5	7.5

资料来源:麦可思-中国2017~2021届大学毕业生培养质量跟踪评价。

疫情防控常态化背景下高职生就业供需结构变化

对农村家庭毕业生的求职就业需给予更多关注。高职院校中来自农村家庭的毕业生所占比例较高（2021届为48%），对这个群体毕业落实的关注与帮扶是就业指导工作的重点。当前高职农村家庭毕业生未就业的比例（2021届为9.6%）仍相对较高，其中正在求职的比例（2021届为3.6%）明显高于非农村家庭毕业生（2021届为2.9%），其求职就业可能存在一定困难，需给予更多关注和支持（见表11-2）。

表11-2 2021届高职农村、非农村家庭毕业生的去向分布

单位：%

去向类型	农村生源	非农村生源
就业或入伍	70.9	71.6
正在读本科	19.5	19.2
未就业	9.6	9.2

资料来源：麦可思－中国2021届大学毕业生培养质量跟踪评价。

需关注市场化岗位的需求变化。高职毕业生就业单位类型以民营企业为主（2021届为69%），且其中七成以上为中小型企业，就业落实效果受市场环境、市场需求变化的影响较大。促进高职毕业生毕业落实的稳定，需要特别关注市场化岗位的供需和拓展情况。因此，了解疫情以来高职毕业生主要就业行业的发展与变化特点很有必要。

二 疫情以来主要行业就业趋势

（一）房屋建筑业、房地产业就业比例下降，基建领域用人需求可持续关注

高职毕业生在房屋建筑业、房地产业就业的比例均下降。建筑业是应届高职毕业生就业量最大的行业类（2021届为10.7%），其中就业量最大的领域为房屋建筑业；房地产是房屋建筑业重要的需求源头，在政策调控等因素影响下，其需求变化将传导至房屋建筑领域。2021届高职毕业生在房屋建筑业、房地产开发

及租赁业就业的比例（分别为5.1%、2.3%）较2020届（分别为5.6%、2.9%）均有所下降，其中房地产开发及租赁业下降幅度超过20%（见表11-3）。

表11-3　2019~2021届高职毕业生在房屋建筑业、房地产业就业的比例变化趋势

单位：%

就业领域	2021届	2020届	2019届
房屋建筑业	5.1	5.6	5.4
房地产开发及租赁业	2.3	2.9	3.0

资料来源：麦可思－中国2019~2021届大学毕业生培养质量跟踪评价。

基建领域就业平稳，为土木建筑大类毕业去向落实率的稳定提供了保障。高职毕业生在房屋建筑业、房地产业就业比例下降的同时，在道路桥梁等基础设施建设领域就业的比例（2019~2021届分别为2.9%、3.0%、3.0%）保持稳定。在上述领域就业的高职毕业生主要来自土木建筑大类专业，该大类毕业去向落实率整体较为稳定（近三届变化了1.3个百分点）。基础设施建设领域国有企业、民营企业对毕业生的吸纳均保持平稳（见表11-4），这为相关专业毕业生毕业去向落实率的稳定提供了保障。"十四五"时期现代化基础设施体系建设将稳步推进，相关院校可持续关注基建相关领域的用人需求，并基于相应需求合理优化自身专业结构、培养过程与就业指导工作。

表11-4　2019~2021届高职毕业生在基础设施建设领域就业的比例变化趋势

单位：%

就业领域	2021届	2020届	2019届
基础设施建设	3.0	3.0	2.9
其中：基建类国有企业	1.6	1.7	1.6
基建类民营企业	1.4	1.3	1.3

资料来源：麦可思－中国2019~2021届大学毕业生培养质量跟踪评价。

（二）服务行业需关注疫情反弹带来的阶段性影响

酒店/旅游/会展服务相关岗位需关注疫情阶段性影响。2020年的疫情

对各类服务行业及相关岗位造成了不同程度影响，高职毕业生的就业出现波动，其中酒店/旅游/会展服务相关岗位受到的影响较为明显，2020届（1.5%）相比2019届（1.9%）下降幅度超过20%；2021届（1.5%）保持稳定（见表11-5）。局部地区的疫情反弹对相关领域的阶段性影响延续，国家统计局公布的数据显示，2020年第一季度住宿和餐饮业（酒店/旅游/会展服务岗位最集中的行业）增加值在疫情冲击下相比上年同期下降35.3%，到第四季度增长率才由负转正；2021年第二季度以来国内部分地区疫情反复，第二、三、四季度住宿和餐饮业的增加值增长率依次递减（见表11-6）。上述情况对高职旅游大类毕业生就业有持续性影响，该专业大类2021届毕业生的毕业去向落实率（88.3%）仍低于其他专业大类，需持续关注。

表11-5　2018~2021届高职毕业生在疫情影响较大的服务岗位就业的比例变化趋势
单位：%

职业类名称	2021届	2020届	2019届	2018届
酒店/旅游/会展服务人员	1.5	1.5	1.9	1.8

资料来源：麦可思－中国2018~2021届大学毕业生培养质量跟踪评价。

表11-6　2020、2021年各季度住宿和餐饮业增加值增长率（与上年同期相比）
单位：%

年份	一季度	二季度	三季度	四季度
2020	-35.3	-18.0	-5.1	2.7
2021	43.7	17.1	5.7	4.7

资料来源：中华人民共和国国家统计局网站。

毕业生在专业设计与咨询、金融领域就业的比例下降。除了疫情影响之外，近年来各类专业设计与咨询服务业、金融业的业务不断调整优化，其中的初级岗位（如会计、保险推销人员、银行柜员）逐渐趋于饱和，高职毕业生在各类专业设计与咨询服务业、金融业就业的比例均呈下降趋势（2018届分别为4.9%、5.2%，2021届分别为4.3%、4.0%）（见表11-7）。

疫情以来毕业生在零售业就业的比例逐渐回升。2021届高职毕业生在零售业就业的比例达到6.7%，在往年（2019届、2020届分别为6.4%、6.6%）的基础上稳中有升（见表11-7）。零售业特别是网上零售自疫情以来进一步发展[1]，为毕业生去向落实创造了机会。

表11-7　2018~2021届高职毕业生在主要服务行业就业的比例变化趋势

单位：%

行业类名称	2021届	2020届	2019届	2018届
零售业	6.7	6.6	6.4	6.6
居民服务、修理和其他服务业	4.7	4.6	4.7	4.6
各类专业设计与咨询服务业	4.3	4.3	4.7	4.9
金融业	4.0	4.2	4.6	5.2

资料来源：麦可思-中国2018~2021届大学毕业生培养质量跟踪评价。

财经商贸大类专业需要合理调控。在上述服务行业就业的高职毕业生均以财经商贸大类专业为主，该专业大类毕业生规模较大（2021届占高职毕业生总人数的17.8%），其中财务会计类专业毕业生的毕业去向落实率（2021届为89.5%）相对较低（见表11-8），且相比往年下降较多（比2018届低了3.2个百分点）。对此，相关院校需合理调控财经商贸大类专业（特别是财务会计类专业）的规模，并持续改进人才培养环节，从而更好地促进毕业生的去向落实与发展。

表11-8　2021届高职财经商贸大类下属各专业类毕业生的毕业去向落实率

单位：%

专业类名称	毕业去向落实率
市场营销类	92.3
电子商务类	92.1
经济贸易类	91.9
物流类	91.9

---

[1] 《中华人民共和国2021年国民经济和社会发展统计公报》显示，全年网上零售额按可比口径计算，比上年增长14.1%。

续表

专业类名称	毕业去向落实率
工商管理类	90.6
金融类	90.5
财务会计类	89.5
财经商贸大类	90.9

注：个别专业类因为样本较少，没有包括在内。
资料来源：麦可思－中国2021届大学毕业生培养质量跟踪评价。

（三）医护、幼教等民生相关领域就业比例稳中有升

高职毕业生在医疗护理、幼儿教育领域就业的比例稳中有升。高职毕业生在医疗护理与教育等民生相关领域的就业量较大，其中2021届在医疗和社会护理服务业就业的比例为8.0%，比2020届（7.4%）高0.6个百分点；在幼儿园与学前教育机构就业的比例（2019~2021届分别为2.5%、2.6%、2.7%）保持稳中有升的趋势（见表11-9）。

表11-9　2019~2021届高职毕业生在主要民生领域就业的比例变化趋势

单位：%

就业领域	2021届	2020届	2019届
医疗和社会护理服务业	8.0	7.4	7.5
幼儿园与学前教育机构	2.7	2.6	2.5

资料来源：麦可思－中国2019~2021届大学毕业生培养质量跟踪评价。

需注重引导护理专业毕业生到基层就业，并关注阶段性疫情对其求职进程的影响。在医疗护理领域就业的高职毕业生主要服务于医院，且以位于地级及以下城市的地方医院为主（2021届为3.1%），相比2020届（2.6%）有所回升；与此同时在基层医疗卫生服务机构（街道/乡镇卫生院、村卫生室、诊所等）的比例（2019届为1.1%，2021届为1.4%）稳中有升（见表11-10）。疫情的常态化防控离不开医疗资源的均衡布局与分

级诊疗体系的完善，基层医疗单位服务水平的提升是关键。高职在医护领域就业的毕业生主要来自护理专业，后续可进一步注重引导该专业毕业生到地方医院、基层医疗卫生服务机构就业。另外值得注意的是，阶段性疫情对护理专业毕业生求职进程的影响较为突出（2021届求职就业受疫情影响的人中，有73%表示求职进程受阻），相关院校和专业可对毕业生的求职进程给予更多关注。

表11-10　2019~2021届高职毕业生在主要医疗单位就业的比例变化趋势

单位：%

医疗单位类型	2021届	2020届	2019届
医院	3.8	3.7	4.3
其中：地级及以下城市医院	3.1	2.6	3.0
直辖市与副省级城市医院	0.7	1.1	1.3
基层医疗卫生服务机构	1.4	1.4	1.1

资料来源：麦可思-中国2019~2021届大学毕业生培养质量跟踪评价。

中西部地区对幼儿教师的需求增加。幼儿教育领域对高职毕业生吸纳的增加主要集中在中西部地区，高职毕业生在中西部地区幼儿园与学前教育机构就业的比例（2019~2021届分别为1.4%、1.5%、1.6%）稳中有升，在非中西部地区幼儿园与学前教育机构就业的比例近三届持平（见表11-11）。西南地区、中原地区对毕业生的吸纳水平逐年提升（2021届高职毕业生在西南地区、中原地区就业比例相比2017届分别上升了1.2个、1.6个百分点），作为人口集中流入地，其普惠性幼儿园的新建、改扩建是"十四五"时期教育提质扩容的重点之一。在幼儿教育领域就业的毕业生主要来自学前教育专业，该专业毕业生的毕业去向落实率（2021届为92.2%）相对较高，但相比往年有所下降（比2019届低了3个百分点）。学前教育专业毕业生规模较大（年均毕业生人数在10万人以上[①]），不同地区的就业供需情况差异较大，后续可

---

① 资料来源于教育部"阳光高考"平台。

重点关注中西部人口集中流入地对幼儿教师的需求，并合理调配和优化相关院校、专业的教育教学资源。

表11-11 2019~2021届高职毕业生在幼儿园与学前教育机构就业的比例变化趋势

单位：%

就业领域	2021届	2020届	2019届
幼儿园与学前教育机构	2.7	2.6	2.5
其中：中西部地区	1.6	1.5	1.4
非中西部地区	1.1	1.1	1.1

资料来源：麦可思-中国2019~2021届大学毕业生培养质量跟踪评价。

（四）制造业转型升级稳步推进，相关专业人才培养环节需持续改进

民营制造企业稳步发展，是保障毕业生就业的"稳定器"。数据显示，2019~2021届高职毕业生在制造业就业的比例分别为20.9%、21.5%、22.9%，其中民营制造企业是其就业的主体，2021届就业比例达到16.2%（见表11-12）。毕业生就业所在的民营制造企业主要集中于电子电气设备制造、机械设备制造领域（2021届分别为3.3%、2.5%）。"十四五"时期制造业的优化升级将进一步深入推进，集成电路、先进电力装备、工业机器人、工程机械、高端数控机床等领域将得到重点培育和发展，从而为毕业生创造相应的就业机会。

表11-12 2019~2021届高职毕业生在制造业就业的比例变化趋势

单位：%

就业领域	2021届	2020届	2019届
制造业合计	22.9	21.5	20.9
其中：民营制造企业	16.2	14.4	14.0

资料来源：麦可思-中国2019~2021届大学毕业生培养质量跟踪评价。

东部地区民营制造企业为毕业生提供的机会更多。东部地区民营经济较为发达，制造企业较多，对毕业生的吸纳程度高于非东部地区。2021届在东部地区就业的高职毕业生中，服务于民营制造企业的比例（19.2%）接近20%，比在非东部地区

就业毕业生（11.9%）高了7.3个百分点（见表11-13）。当然伴随着区域产业链布局的不断优化以及中西部和东北地区承接产业转移能力的不断增强，非东部地区制造企业也将得到进一步发展，从而为本地高职院校毕业生就业提供更多选择。

表11-13 2021届在东部、非东部地区就业的高职毕业生服务于民营制造企业的比例

单位：%

就业领域	东部地区	非东部地区
民营制造企业合计	19.2	11.9
其中：电子电气设备制造业	4.1	2.2
机械设备制造业	3.2	1.5

资料来源：麦可思－中国2021届大学毕业生培养质量跟踪评价。

装备制造大类、电子信息大类专业的核心课程设置与培养均需要进一步完善。装备制造大类、电子信息大类毕业生是服务制造业的主体。如何促进技术技能人才培养质量的提升，是相关院校和专业需要持续关注的问题。课程是技术技能人才培养的重要载体，对毕业要求达成起到根本的支撑作用。2021届装备制造大类、电子信息大类毕业生对专业核心课程的重要度评价分别为83%、78%，满足度评价分别为81%、76%，均低于高职平均水平（见表11-14）。伴随着制造业的优化升级，新理念、新技术、新工艺不断涌现并在实际生产中得到越来越广泛的运用，生产流程、工艺流程不断调整和优化，相关专业的课程设置、教学内容也需及时调整和完善以适应产业发展的要求。当前装备制造大类、电子信息大类核心课程的设置与产业发展趋势之间依然存在不相匹配的地方，课程教学效果也有待增强。

表11-14 2021届高职装备制造大类、电子信息大类毕业生对核心课程的重要度和满足度评价

单位：%

专业大类名称	课程重要度	课程满足度
装备制造大类	83	81
电子信息大类	78	76
高职平均	89	85

资料来源：麦可思－中国2021届大学毕业生培养质量跟踪评价。

疫情防控常态化背景下高职生就业供需结构变化

装备制造大类需要重点强化校外顶岗实习的开展效果。实习和实践环节是技术技能人才培养的重要组成部分，对于学生的实践操作能力的培养和提升不可或缺。从2021届毕业生对相关实习和实践环节的评价来看，校外顶岗实习是其满意度较低的方面，特别是装备制造大类毕业生对校外顶岗实习的满意度（78%）低于高职工程类专业[①]平均水平（见表11-15）。

表11-15 2021届高职装备制造大类、电子信息大类等毕业生对各项实习和实践环节的评价

单位：%

实习和实践环节	装备制造大类	电子信息大类	高职工程类专业平均
毕业设计	91	91	92
课程实验	90	90	91
课程设计	90	90	91
科技、工程类相关比赛	89	89	90
校内生产性实训基地	88	87	88
金工实习	87	83	84
校外顶岗实习	78	80	81

资料来源：麦可思－中国2021届大学毕业生培养质量跟踪评价。

电子信息大类需要注意重点强化学生的数字化技能。毕业生基本工作能力的达成效果是技术技能人才培养质量的重要体现。电子信息大类对学生基本工作能力方面的培养情况仍有较大的提升空间，其2021届毕业生基本工作能力满足度为84%，明显低于高职平均水平（87%）。进一步从各项能力来看，在重要程度最高的前5项基本工作能力当中，电子信息大类毕业生对电脑编程能力的满足度（73%）明显低于其他能力（见表11-16），可见其数字化技能仍需加强。伴随着数字经济的快速发展与数字产业的不断壮大，制造等产业的数字化转型持续推进，生产制造等环节的数字化应用场景越来越多，这也对从业者的数字化技能提出了更高要求。

---

① 高职工程类专业包括资源环境与安全大类、能源动力与材料大类、土木建筑大类、水利大类、装备制造大类、生物与化工大类、轻工纺织大类、食品药品与粮食大类、交通运输大类、电子信息大类10个专业大类。

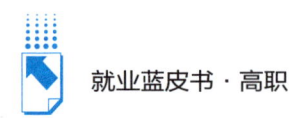

表 11-16　2021 届高职电子信息大类毕业生最重要的前 5 项基本工作能力的满足度

单位：%

最重要的前 5 项基本工作能力	能力重要度	能力满足度
疑难排解	63	84
电脑编程	62	73
科学分析	61	86
有效的口头沟通	60	87
积极学习	60	86

资料来源：麦可思－中国 2021 届大学毕业生培养质量跟踪评价。

参考文献

《教育部关于做好 2021 届全国普通高校毕业生就业创业工作的通知》，教育部，2020 年 11 月 20 日。

《中华人民共和国 2021 年国民经济和社会发展统计公报》，国家统计局，2022 年 2 月 28 日。

《高职学校无需追求过高的"专升本率"》，《中国青年报》2021 年 8 月 23 日。

B.12
新冠肺炎疫情对高职教育教学的影响

摘　要： 高职院校日常教学工作在新冠肺炎疫情中受到了较大影响，在疫情防控常态化阶段逐步恢复。当然需要关注的是，实践教学在线授课效果难以保证，线上、线下教学的衔接不够，学生学习收获不足；理论课内容对产业前沿领域的新技术、新工艺、新规范涉及较少，且教师在指导答疑和学习热情激发方面效果仍较弱，学生自主学习动力不足，学习兴趣与收获较低。后续教学中需进一步完善过程性评价机制，并注重教师信息化教学能力与校园信息化水平的提升。

关键词： 疫情影响　教学评价　混合式教学　高职教育

2020年全球突发的新冠肺炎疫情对高校教学工作造成了极大影响，且疫情期间采用的线上教学方式在疫情防控常态化阶段得到延续，线上、线下混合式教学普及，这给高校日常教学工作的开展带来了挑战。

本专题将基于在校学生、教学督导两类评价主体在学期末对课程内容、教学过程与方法、教学效果等维度的评价结果，分析疫情前后共计五个学期内[①]教学工作的开展情况，了解疫情对不同类型课程教学的影响，疫情以来学生学习投入与收获方面存在的问题，分析教师教学过程和课程内容设置等方面可能存在的不足，从而为后续教学工作的改进提供参考方向。

---

① 即疫情前的2019~2020学年第1学期，突发疫情的2019~2020学年第2学期，疫情防控常态化阶段的2020~2021学年（第1学期、第2学期）、2021~2022学年第1学期。

一 疫情以来教学工作整体开展效果

（一）教学整体满意度受疫情影响下滑，在疫情防控常态化阶段逐渐恢复

疫情突发对高校教学开展造成较大影响。从学生和教学督导两类评价来看，疫情期间（2019~2020学年第2学期）高职院校学生对课程教学[①]的总体评分为85.58分（满分100分，下同），教学督导对课程教学的总体评分为87.01分，相比上一学期（分别为88.83分、89.41分）均明显下降（见图12-1）。

疫情防控常态化阶段，教学效果逐步恢复。数据显示，自2020~2021学年第1学期起至2021~2022学年第1学期，高职院校学生和教学督导对课程教学的总体评分（分别平均为88.97分、91.70分）高于2019~2020学年第2学期（见图12-1），课程教学效果逐步恢复，并保持稳中有升。

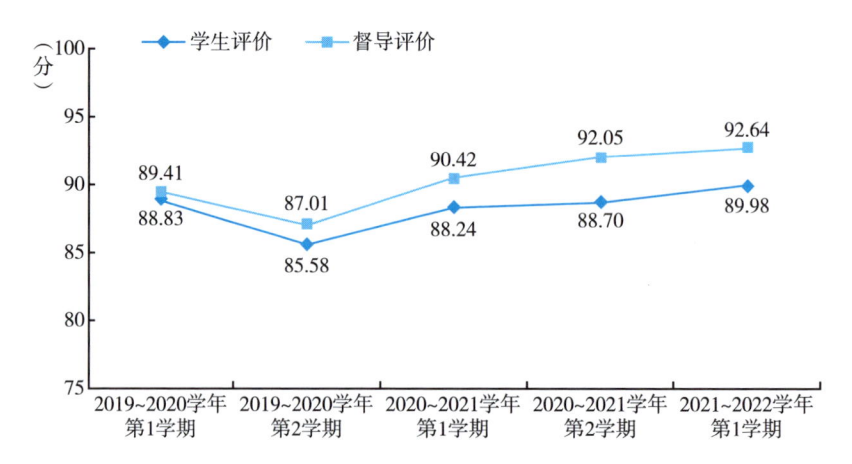

图12-1 高职生、教学督导对课程教学的总体评价

资料来源：麦可思2019~2020、2020~2021、2021~2022学年教学质量跟踪评价。

---

① 学生对课程教学评价综合了课程内容、教师教学过程与方法、自身学习收获等维度；教学督导对课程教学评价综合了教师教学态度、教学内容、教学效果等维度。

疫情以来教学督导评价开展明显加强。自疫情以来，高职院校开展的教学评价中，包含教学督导评价的比例持续上升，从疫情前的 28% 上升到 2021~2022 学年第 1 学期的 60%（见图 12-2）。相比期末的结果性评价，过程性评价时效性更强，可以更加及时地发现、反馈教学过程中存在的不足并改进。教学督导评价的开展，可能是疫情以来课程教学效果逐步恢复的重要因素之一。

相关院校后续可进一步完善包括教学督导评价在内的过程性评价机制，力求及时发现教学过程中存在的问题，持续提升课程教学质量。

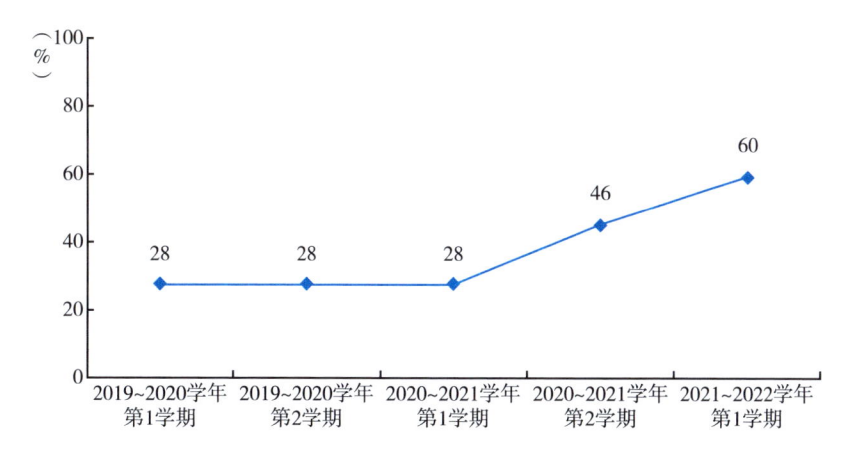

图 12-2 高职院校中包含教学督导评价的比例变化趋势

资料来源：麦可思 2019~2020、2020~2021、2021~2022 学年教学质量跟踪评价。

（二）不同类型课程受疫情影响的程度有所差异

实践/实训课受到的影响最为明显。实践/实训课对教学场地、设施依赖程度较高，疫情期间受到的影响较大，学生对其总体评分（87.33 分）比疫情前（89.91 分）低了 2.58 分；另外在疫情防控常态化阶段，学生对实践/实训课的评分整体上仍低于理论课（见表 12-1）。

疫情期间理论课教学也受到了一定影响，学生对这类课程的总体评分（88.98 分）相比疫情前（90.93 分）低了 1.95 分（见表 12-1）。

通识课受疫情影响较小。学生对其总体评分（83.85~86.72 分）保持稳中有升的趋势（见表 12-1）。

表 12-1 高职生对不同类型课程教学的总体评价

单位：分

课程类型	疫情前 2019~2020 学 年第 1 学期	疫情中 2019~2020 学 年第 2 学期	疫情防控常态化阶段		
			2020~2021 学 年第 1 学期	2020~2021 学 年第 2 学期	2021~2022 学 年第 1 学期
理论课	90.93	88.98	89.90	90.71	90.76
实践/实训课	89.91	87.33	88.85	89.01	89.95
通识课	84.82	83.85	85.80	86.72	86.33

注：思政课、体育课因覆盖较小而没有包括在内。
资料来源：麦可思 2019~2020、2020~2021、2021~2022 学年教学质量跟踪评价。

二 不同类型课程面临的主要问题

（一）实践类课程学习收获不足，线上、线下教学的衔接需进一步强化

对实践类课程的学习收获较低。在疫情防控常态化阶段，高职学生对实践/实训课的学习收获（包括专业知识的掌握与实践操作技能的提升）保持稳定（86.55%~87.21%[①]），但持续低于疫情前的水平（89.27%）（见图 12-3），且相比理论课的学习收获（2021~2022 学年第 1 学期为 88.68%）也偏低，其学习效果达成需给予关注。

实践教学在线授课效果难以保证。从高职学生对实践/实训课的课程内容、教师教学评价来看，疫情期间教师在课程目标的清晰度、信息化教学、作业/考核与反馈、指导答疑上均下降明显，其中教师信息化教学、指导答疑效果是整体评价较低的方面（疫情期间分别为 82.09%、82.90%）（见表 12-

---

① 由于不同学校对各评价维度的赋分存在差异，本文统一将各评价维度的分值进行百分化处理和呈现，特此说明。

新冠肺炎疫情对高职教育教学的影响

图 12-3 高职生对实践/实训课学习情况的评价

资料来源：麦可思 2019~2020、2020~2021、2021~2022 学年教学质量跟踪评价。

2）。在学生专业知识、实践操作技能掌握与提升效果不足的情况下，任课教师需要借助信息化手段改善教学环节，同时加强指导与答疑，以帮助学生更好地提升学习获得感。

表 12-2 高职生对实践/实训课课程内容、教师教学各方面的评价

单位：%

评价维度	评价指标点	疫情前 2019~2020 学年第1学期	疫情中 2019~2020 学年第2学期	疫情防控常态化阶段 2020~2021 学年第1学期	2020~2021 学年第2学期	2021~2022 学年第1学期
课程内容	课程内容理论联系实际	90.75	90.35	91.62	90.23	90.73
	课程目标清晰度	87.56	84.45	86.49	87.74	89.48
教师教学	教学态度	90.20	90.78	91.03	90.45	91.07
	课程内容讲解	89.36	88.54	90.55	90.36	90.32
	信息化教学	86.61	82.09	85.86	86.17	87.75
	作业/考核与反馈	86.64	84.57	86.14	86.73	87.03
	指导答疑	85.47	82.90	85.29	85.63	86.70

资料来源：麦可思 2019~2020、2020~2021、2021~2022 学年教学质量跟踪评价。

实践操作环节严重缺失。实践/实训课对教学场地与设施依赖程度相对较高，疫情期间受技术条件限制，很多操作在线上教学中无法实施，学生普遍希望在后续线下教学中能够补充相应的操作环节（见图12-4）。在疫情防控常态化阶段，学校需要更加注重实践类课程线上、线下教学的有效衔接，避免因衔接不畅而造成教学内容缺漏的情况。

图12-4 高职生对疫情期间实践/实验课改进需求的词频分析

资料来源：麦可思2019~2020学年教学质量跟踪评价。

（二）理论课教学需关注学生自主学习和课程内容更新

对理论课自主学习动力不足，学习兴趣与收获较低。疫情期间高职生对自身理论课学习兴趣与投入的评价为82.48%，相比疫情前（89.81%）明显下降；在疫情防控常态化阶段，学生对理论课的学习兴趣与投入情况有所改善（86.56%~87.50%），但仍未达到疫情前的水平（见图12-5），且整体上低于对实践/实训课的兴趣与投入（2021年秋季学期为88.99%）。

理论课学习内容相对抽象，学习过程相比实践/实训课更为枯燥，对于学习能力、自觉性或自制力不足的学生而言，在缺乏有效监督、指导的情况下，其理论课学习效果更容易受到影响，这一现象在高职院校更凸显，需要给予重点关注。

新冠肺炎疫情对高职教育教学的影响

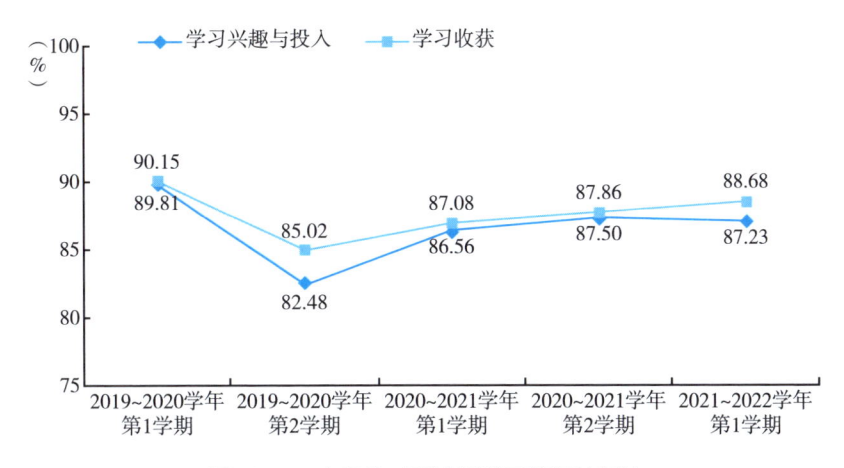

图 12-5 高职生对理论课学习情况的评价

资料来源：麦可思 2019~2020、2020~2021、2021~2022 学年教学质量跟踪评价。

任课教师在指导答疑和学习热情激发方面效果不足。学生学习效果的增强离不开教师授课环节的有效组织与开展。通过对比高职生对理论课教师教学各个方面的评价可以发现，教师在指导答疑、学习热情激发方面效果仍有不足，学生对这两方面的评价（2021~2022 学年第 1 学期分别为 85.55%、86.95%）偏低（见表 12-3）。教师在课程设计上需增强教学互动，课堂中引导和鼓励学生参与并给予指导答疑，培养其独立思考的能力，促使学生逐步从被动学习转向主动学习。

表 12-3 高职生对教师理论课教学各方面的评价

单位：%

评价维度	疫情前 2019~2020 学年第1学期	疫情中 2019~2020 学年第2学期	疫情防控常态化阶段 2020~2021 学年第1学期	2020~2021 学年第2学期	2021~2022 学年第1学期
教学态度	92.37	91.88	92.14	91.81	92.19
课程内容讲解	90.87	90.05	92.04	91.93	92.00
信息化教学	89.23	86.89	89.26	89.49	90.05
教学互动	89.81	87.13	88.90	88.90	89.90
作业/考核与反馈	87.54	85.61	86.77	87.13	87.51
学习热情激发	86.52	84.44	85.31	85.45	86.95
指导答疑	84.91	82.56	84.02	84.49	85.55

资料来源：麦可思 2019~2020、2020~2021、2021~2022 学年教学质量跟踪评价。

课程内容需注重新技术、新工艺、新规范的及时纳入。从高职生对理论课的课程内容评价来看，在疫情防控常态化阶段，高职生对课程内容前沿性的评价（86.37%~88.93%）虽整体呈现上升趋势，但相比其他方面仍偏低（见表12-4）。产业转型升级持续深入，疫情更是进一步加速了相关产业的升级与发展，课程内容也需相应调整和优化，及时将产业前沿领域的新技术、新工艺、新规范纳入其中，从而更好地适应产业发展的要求。

表12-4 高职生对理论课课程内容各方面的评价

单位：%

评价维度	疫情前 2019~2020 学年第1学期	疫情中 2019~2020 学年第2学期	疫情防控常态化阶段 2020~2021 学年第1学期	2020~2021 学年第2学期	2021~2022 学年第1学期
课程内容理论联系实际	91.23	90.85	92.19	91.33	91.92
课程目标清晰度	89.40	85.85	87.74	88.62	90.50
学习资源有效性	90.72	91.00	90.83	90.38	89.86
课程内容前沿性	86.87	86.11	86.37	88.16	88.93

资料来源：麦可思2019~2020、2020~2021、2021~2022学年教学质量跟踪评价。

电子信息大类专业课程内容亟待更新与调整。结合应届毕业生对教学的改进需求可知，2021届高职毕业生中有近三成（28%）表示课程内容不实用或陈旧，其中电子信息大类专业毕业生对这一方面的改进需求（36%）最为突出，其次是装备制造大类（32%）。新一代信息技术发展较快，知识、技术等更新换代较为频繁；此外制造业的数字化、智能化升级逐步深入，生产流程、工艺流程不断调整和优化。对此，相关专业的课程内容需要及时更新，从而更好地适应产业发展的趋势。

三 后续教学工作的改进方向

教师信息化教学能力需强化。教学督导对教师教学互动、信息化教学方面的评价（2021年秋季学期分别为87.61%、87.77%）相对较低（见表12-5）。线上、线下混合式教学手段的普及对任课教师应用信息技术设计课程教学环节提出了更高的要求，教师的信息化教学能力需要相应提升，以更好地胜任疫情防控常态化背景下的教学工作。

表 12-5 教学督导对教师教学各方面的评价

单位：%

评价维度	疫情前 2019~2020 学年第1学期	疫情中 2019~2020 学年第2学期	疫情防控常态化阶段		
			2020~2021 学年第1学期	2020~2021 学年第2学期	2021~2022 学年第1学期
教学态度	92.84	92.75	91.45	92.77	93.53
课程内容讲解	91.09	88.34	92.38	92.75	93.24
课堂秩序	89.18	88.14	89.10	89.36	90.36
信息化教学	86.79	86.40	87.37	87.91	87.77
教学互动	85.01	83.54	86.36	87.93	87.61

资料来源：麦可思 2019~2020、2020~2021、2021~2022 学年教学质量跟踪评价。

校园信息化水平也需逐步提升。线上、线下混合式教学离不开校园网络环境、网络教学设备等硬件的支撑，而当前校园信息化硬件水平对教学的支撑水平仍有进一步提升的空间。2021 届毕业生评价数据显示，高职毕业生认为计算机、校园网等信息化设备满足自身学习需求的比例为 87%，相比其他教学设施（教室、图书馆、实验室）仍偏低（见图 12-6）。相关院校可有针对性地改善校园信息化条件，从而更好地满足混合式教学的需要。

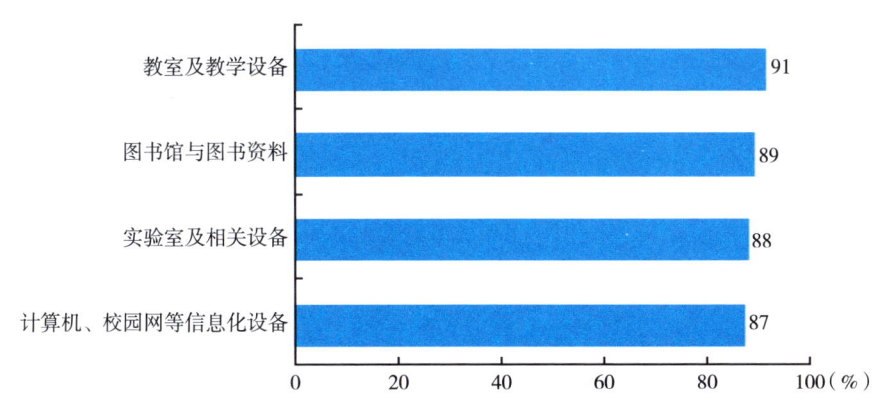

教学设施	满足度（%）
教室及教学设备	91
图书馆与图书资料	89
实验室及相关设备	88
计算机、校园网等信息化设备	87

图 12-6 2021 届高职毕业生认为各项教学设施对自身学习需求的满足度

资料来源：麦可思－中国 2021 届大学毕业生培养质量跟踪评价。

参考文献

谷中秀、华平:《疫情防控常态化背景下高职院校教育教学的变革与应对》,《河南教育(职成教)》2020年第9期。

于虹:《后疫情时期高职院校在线教学探索》,《南方农机》2022年第6期。

陈姗姗:《后疫情时代线上教学与线下教学衔接策略》,《科技·经济·市场》2021年第2期。

附 录
Appendix

B.13 技术报告

一 数据介绍

（一）评价覆盖面

2022年度麦可思-全国大学毕业生跟踪评价分为以下三类。

1. 2021届高职毕业生毕业半年后培养质量的跟踪评价，于2022年3月初完成，全国高职生样本为14.8万人。覆盖了583个高职专业；覆盖了全国31个省、自治区和直辖市；覆盖了高职毕业生从事的552个职业，328个行业。

2. 麦可思曾对2018届大学毕业生进行过毕业半年后培养质量的跟踪评价（2019年初完成，全国高职生样本约15.1万人）[①]，2021年底对此全国样本进行了三年后的再次跟踪评价，全国高职生样本约3.0万人。覆盖了542个高职

---

① 王伯庆等主编《2019年中国高职高专生就业报告》，社会科学文献出版社，2019。

183

专业；覆盖了全国30个省、自治区和直辖市；覆盖了高职毕业生从事的590个职业，327个行业。

3. 麦可思曾对2016届大学毕业生进行过毕业半年后、三年后的跟踪评价，2021年底对此全国样本进行了五年后的第三次跟踪评价，旨在通过更长的时间跨度观察毕业生的发展变化，全国高职生样本约1.5万人。覆盖了全国30个省、自治区和直辖市。

（二）评价对象

毕业半年后（2021届）、三年后（2018届）和五年后（2016届）的高职毕业生：包括"双高"院校、其他高职院校的毕业生。

（三）评价方式

分别向毕业半年后的2021届大学毕业生、毕业三年后的2018届大学毕业生和毕业五年后的2016届大学毕业生以电子邮件方式发放答题邀请函、问卷客户端链接，三类调查的问卷不同。答卷人回答问卷，答题时间为10～30分钟。

二 研究概况

（一）研究目的

1. 了解高职毕业生的就业状态及就业质量，发现满足社会需求方面存在的问题；
2. 了解高职毕业生的升学、灵活就业以及未就业的状况；
3. 了解高职毕业生的行业职业变迁、晋升、薪资增长情况；
4. 了解高职毕业生对母校的满意程度以及反馈。

（二）研究样本

本研究需提醒读者注意以下几点。

技术报告

1. 答题通过电子问卷客户端实现，未被邀请的答题被视为无效。

2. 本研究对答题和未答题的样本进行了检验，没有发现存在自我选择性样本偏差问题（Self-selection Bias）[①]。

3. 对于样本中与实际比例的明显差异可能带来的统计误差，本研究采用权数加以修正（即对回收的全国总样本，基于学历、地区、院校类型、专业的实际分布比例进行再抽样）。再抽样后的样本分布与实际分布见表1至表6，高职毕业生的实际分布比例来自中华人民共和国国家统计局网站。

表1　2021届各经济区域高职毕业生样本人数分布与实际人数分布对比

单位：%

各经济区域	2021届高职毕业生样本人数比例	2021届高职毕业生实际人数比例
泛渤海湾区域	19.6	19.6
中部区域	19.5	19.5
泛长江三角洲区域	19.3	19.3
西南区域	14.8	14.9
泛珠江三角洲区域	14.7	14.6
东北区域	5.4	5.4
陕甘宁青区域	5.3	5.3
西部生态区域	1.4	1.4

资料来源：麦可思－中国2021届大学毕业生培养质量跟踪评价，中华人民共和国国家统计局网站。

表2　2021届各省份高职毕业生样本人数分布与实际人数分布对比

单位：%

省份	2021届高职毕业生样本人数比例	2021届高职毕业生实际人数比例
安徽	3.9	4.0
北京	<1.0	0.7
福建	2.5	2.5
甘肃	1.7	1.7

[①] 自我选择性样本偏差问题：是指调查中存在某类群体选择答题的概率和其他群体有明显不同。例如，可能存在就业的毕业生更容易选择参与答题，而没有就业的学生可能不愿意参与答题等。

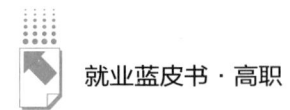

续表

省份	2021届高职毕业生样本人数比例	2021届高职毕业生实际人数比例
广东	7.4	7.4
广西	4.1	4.1
贵州	3.1	3.1
海南	<1.0	0.7
河北	5.3	5.2
河南	9.3	9.3
黑龙江	1.9	1.6
湖北	4.9	4.9
湖南	5.3	5.3
吉林	1.8	1.5
江苏	6.0	6.2
江西	4.9	4.3
辽宁	1.8	2.2
内蒙古	1.7	1.7
宁夏	<1.0	0.4
青海	<1.0	0.3
山东	8.5	8.4
山西	2.2	2.2
陕西	3.0	3.0
上海	1.3	1.1
四川	5.8	5.8
天津	1.5	1.5
西藏	<1.0	0.1
新疆	1.4	1.4
云南	3.3	3.3
浙江	3.2	3.5
重庆	2.6	2.6

注：表中样本人数比例小于1.0%的数值均用"<1.0"表示，涵盖0，下同。
资料来源：麦可思－中国2021届大学毕业生培养质量跟踪评价，中华人民共和国国家统计局网站。

表3 2021届各专业大类高职毕业生样本人数分布与实际人数分布对比
单位：%

高职专业大类	2021届高职毕业生样本人数比例	2021届高职毕业生实际人数比例
财经商贸大类	18.1	17.8
电子信息大类	13.6	13.4
教育与体育大类	12.3	12.3
医药卫生大类	11.6	13.3
装备制造大类	11.2	11.1
土木建筑大类	7.2	7.1
交通运输大类	6.4	6.6
文化艺术大类	5.8	5.1
旅游大类	3.2	3.1
农林牧渔大类	2.2	1.8
食品药品与粮食大类	1.6	1.5
资源环境与安全大类	1.3	1.2
生物与化工大类	1.1	0.7
公共管理与服务大类	1.0	1.1
能源动力与材料大类	1.0	1.0
新闻传播大类	<1.0	0.9
公安与司法大类	<1.0	1.1
轻工纺织大类	<1.0	0.5
水利大类	<1.0	0.4

资料来源：麦可思－中国2021届大学毕业生培养质量跟踪评价，中华人民共和国国家统计局网站。

表4 2018届各经济区域高职毕业生毕业三年后样本人数分布与实际人数分布对比
单位：%

各经济区域	2018届高职毕业生毕业三年后样本人数比例	2018届高职毕业生毕业三年后实际人数比例
泛渤海湾区域	20.3	20.2
泛长江三角洲区域	19.8	19.8
中部区域	17.8	17.8
泛珠江三角洲区域	14.9	14.9

续表

各经济区域	2018届高职毕业生毕业三年后样本人数比例	2018届高职毕业生毕业三年后实际人数比例
西南区域	13.6	13.6
东北区域	6.4	6.4
陕甘宁青区域	5.8	5.8
西部生态区域	1.4	1.5

资料来源：麦可思-中国2018届大学毕业生三年后职业发展跟踪评价，中华人民共和国国家统计局网站。

表5 2018届各省份高职毕业生毕业三年后样本人数分布与实际人数分布对比

单位：%

省份	2018届高职毕业生毕业三年后样本人数比例	2018届高职毕业生毕生三年后实际人数比例
安徽	4.8	4.9
北京	<1.0	0.8
福建	2.4	2.4
甘肃	1.6	1.5
广东	8.1	8.1
广西	3.7	3.7
贵州	1.5	2.6
海南	<1.0	0.7
河北	5.1	4.6
河南	7.8	7.8
黑龙江	1.5	2.2
湖北	5.1	5.1
湖南	4.8	4.8
吉林	1.7	1.5
江苏	6.6	5.5
江西	2.8	4.7
辽宁	3.2	2.8
内蒙古	1.1	1.7
宁夏	<1.0	0.4
青海	<1.0	0.3

续表

省份	2018届高职毕业生毕业三年后样本人数比例	2018届高职毕业生毕业三年后实际人数比例
山东	9.6	8.7
山西	1.8	2.8
陕西	3.6	3.7
上海	1.6	1.4
四川	7.1	6.0
天津	1.8	1.6
西藏	<1.0	0.1
新疆	1.5	1.3
云南	2.7	2.3
浙江	4.0	3.3
重庆	2.2	2.7

资料来源：麦可思－中国2018届大学毕业生三年后职业发展跟踪评价，中华人民共和国国家统计局网站。

表6　2018届各专业大类高职毕业生毕业三年后样本人数分布与实际人数分布对比

单位：%

高职专业大类	2018届高职毕业生毕业三年后样本人数比例	2018届高职毕业生毕业三年后实际人数比例
财经商贸大类	24.0	22.1
装备制造大类	13.1	12.1
电子信息大类	10.7	9.9
土木建筑大类	10.7	8.9
医药卫生大类	8.4	12.4
教育与体育大类	7.0	10.7
交通运输大类	5.8	5.4
文化艺术大类	4.2	4.8
旅游大类	3.3	3.0
食品药品与粮食大类	2.6	1.6
农林牧渔大类	1.8	1.7
资源环境与安全大类	1.8	1.3

续表

高职专业大类	2018届高职毕业生毕业三年后样本人数比例	2018届高职毕业生毕业三年后实际人数比例
生物与化工大类	1.5	1.1
能源动力与材料大类	1.4	1.1
新闻传播大类	1.0	0.8
公共管理与服务大类	<1.0	0.9
公安与司法大类	<1.0	1.3
水利大类	<1.0	0.4
轻工纺织大类	<1.0	0.5

资料来源：麦可思－中国2018届大学毕业生三年后职业发展跟踪评价，中华人民共和国国家统计局网站。

致　谢

《2022年中国高职生就业报告》是麦可思第14年出版的"就业蓝皮书"，报告进一步对内容、结构、体例做出完善。以数据和图表来呈现分析结果，读者可以从自己的专业角度对某一数据或图表背后的因果关系进行深度解读。

特别感谢帮助完善本年度报告的高等教育管理者和研究者，在此不一一具名。报告中所有的错误由作者唯一负责。感谢读者阅读本报告。限于篇幅，报告仅提供部分数据，如需了解更详细的内容，请联系作者（research@mycos.com）。

社会科学文献出版社

皮 书

智库成果出版与传播平台

❖ 皮书定义 ❖

皮书是对中国与世界发展状况和热点问题进行年度监测，以专业的角度、专家的视野和实证研究方法，针对某一领域或区域现状与发展态势展开分析和预测，具备前沿性、原创性、实证性、连续性、时效性等特点的公开出版物，由一系列权威研究报告组成。

❖ 皮书作者 ❖

皮书系列报告作者以国内外一流研究机构、知名高校等重点智库的研究人员为主，多为相关领域一流专家学者，他们的观点代表了当下学界对中国与世界的现实和未来最高水平的解读与分析。截至2021年底，皮书研创机构逾千家，报告作者累计超过10万人。

❖ 皮书荣誉 ❖

皮书作为中国社会科学院基础理论研究与应用对策研究融合发展的代表性成果，不仅是哲学社会科学工作者服务中国特色社会主义现代化建设的重要成果，更是助力中国特色新型智库建设、构建中国特色哲学社会科学"三大体系"的重要平台。皮书系列先后被列入"十二五""十三五""十四五"时期国家重点出版物出版专项规划项目；2013~2022年，重点皮书列入中国社会科学院国家哲学社会科学创新工程项目。

皮书网

（网址：www.pishu.cn）

发布皮书研创资讯，传播皮书精彩内容
引领皮书出版潮流，打造皮书服务平台

栏目设置

◆ 关于皮书
何谓皮书、皮书分类、皮书大事记、
皮书荣誉、皮书出版第一人、皮书编辑部

◆ 最新资讯
通知公告、新闻动态、媒体聚焦、
网站专题、视频直播、下载专区

◆ 皮书研创
皮书规范、皮书选题、皮书出版、
皮书研究、研创团队

◆ 皮书评奖评价
指标体系、皮书评价、皮书评奖

◆ 皮书研究院理事会
理事会章程、理事单位、个人理事、高级
研究员、理事会秘书处、入会指南

所获荣誉

◆ 2008年、2011年、2014年，皮书网均在全国新闻出版业网站荣誉评选中获得"最具商业价值网站"称号；

◆ 2012年，获得"出版业网站百强"称号。

网库合一

2014年，皮书网与皮书数据库端口合一，实现资源共享，搭建智库成果融合创新平台。

皮书网　"皮书说"微信公众号　皮书微博

权威报告・连续出版・独家资源

皮书数据库
ANNUAL REPORT(YEARBOOK) DATABASE

分析解读当下中国发展变迁的高端智库平台

所获荣誉

- 2020年，入选全国新闻出版深度融合发展创新案例
- 2019年，入选国家新闻出版署数字出版精品遴选推荐计划
- 2016年，入选"十三五"国家重点电子出版物出版规划骨干工程
- 2013年，荣获"中国出版政府奖・网络出版物奖"提名奖
- 连续多年荣获中国数字出版博览会"数字出版・优秀品牌"奖

皮书数据库　"社科数托邦"微信公众号

成为会员

登录网址www.pishu.com.cn访问皮书数据库网站或下载皮书数据库APP，通过手机号码验证或邮箱验证即可成为皮书数据库会员。

会员福利

- 已注册用户购书后可免费获赠100元皮书数据库充值卡。刮开充值卡涂层获取充值密码，登录并进入"会员中心"—"在线充值"—"充值卡充值"，充值成功即可购买和查看数据库内容。
- 会员福利最终解释权归社会科学文献出版社所有。

卡号：778335192131
密码：

数据库服务热线：400-008-6695
数据库服务QQ：2475522410
数据库服务邮箱：database@ssap.cn
图书销售热线：010-59367070/7028
图书服务QQ：1265056568
图书服务邮箱：duzhe@ssap.cn

基本子库
SUB DATABASE

中国社会发展数据库（下设 12 个专题子库）

紧扣人口、政治、外交、法律、教育、医疗卫生、资源环境等 12 个社会发展领域的前沿和热点，全面整合专业著作、智库报告、学术资讯、调研数据等类型资源，帮助用户追踪中国社会发展动态、研究社会发展战略与政策、了解社会热点问题、分析社会发展趋势。

中国经济发展数据库（下设 12 专题子库）

内容涵盖宏观经济、产业经济、工业经济、农业经济、财政金融、房地产经济、城市经济、商业贸易等 12 个重点经济领域，为把握经济运行态势、洞察经济发展规律、研判经济发展趋势、进行经济调控决策提供参考和依据。

中国行业发展数据库（下设 17 个专题子库）

以中国国民经济行业分类为依据，覆盖金融业、旅游业、交通运输业、能源矿产业、制造业等 100 多个行业，跟踪分析国民经济相关行业市场运行状况和政策导向，汇集行业发展前沿资讯，为投资、从业及各种经济决策提供理论支撑和实践指导。

中国区域发展数据库（下设 4 个专题子库）

对中国特定区域内的经济、社会、文化等领域现状与发展情况进行深度分析和预测，涉及省级行政区、城市群、城市、农村等不同维度，研究层级至县及县以下行政区，为学者研究地方经济社会宏观态势、经验模式、发展案例提供支撑，为地方政府决策提供参考。

中国文化传媒数据库（下设 18 个专题子库）

内容覆盖文化产业、新闻传播、电影娱乐、文学艺术、群众文化、图书情报等 18 个重点研究领域，聚焦文化传媒领域发展前沿、热点话题、行业实践，服务用户的教学科研、文化投资、企业规划等需要。

世界经济与国际关系数据库（下设 6 个专题子库）

整合世界经济、国际政治、世界文化与科技、全球性问题、国际组织与国际法、区域研究 6 大领域研究成果，对世界经济形势、国际形势进行连续性深度分析，对年度热点问题进行专题解读，为研判全球发展趋势提供事实和数据支持。

法律声明

"皮书系列"（含蓝皮书、绿皮书、黄皮书）之品牌由社会科学文献出版社最早使用并持续至今，现已被中国图书行业所熟知。"皮书系列"的相关商标已在国家商标管理部门商标局注册，包括但不限于LOGO（ ）、皮书、Pishu、经济蓝皮书、社会蓝皮书等。"皮书系列"图书的注册商标专用权及封面设计、版式设计的著作权均为社会科学文献出版社所有。未经社会科学文献出版社书面授权许可，任何使用与"皮书系列"图书注册商标、封面设计、版式设计相同或者近似的文字、图形或其组合的行为均系侵权行为。

经作者授权，本书的专有出版权及信息网络传播权等为社会科学文献出版社享有。未经社会科学文献出版社书面授权许可，任何就本书内容的复制、发行或以数字形式进行网络传播的行为均系侵权行为。

社会科学文献出版社将通过法律途径追究上述侵权行为的法律责任，维护自身合法权益。

欢迎社会各界人士对侵犯社会科学文献出版社上述权利的侵权行为进行举报。电话：010-59367121，电子邮箱：fawubu@ssap.cn。

社会科学文献出版社